70 Days of Miracle

# 70 Days of Miracle

오늘도 성장하는 나를 만난다
70일만 지속하라, 인생이 달라진다!

더 이상 이렇게는 살 수 없다고 생각될 때
내 삶을 뒤엎기 위한 작은 행동을 하게 된다.

오늘도 성장하는 나를 만나는 시간이 돌아왔다.

5번의 70일을 경험하면
한층 더 성장한 당신과 마주할 것이다!

# 인생을 바꾸는 나비효과
# 70일

70일의 도전을 성공적으로 해내실 당신을 응원하고 칭찬합니다. 저를 있게 한 8할은 성공한 사람들을 진지하게 #눈팅 했던 것입니다. 어릴 때엔 주양육자에게 선택권이 있지만, 성인이 되고 나서는 내가 성장할 환경을 스스로 선택할 수 있지요. 따라서 제 기준에서 성공한 사람들, 닮고 싶은 사람들을 무슨 수를 써서라도 직접 만나려고 애썼습니다. 그게 어렵다면 간접적인 연결고리를 가졌습니다. 성공적인 인생을 사는 사람들을 곁에 두고 따라하는 것이 성공의 지름길이기 때문입니다. 보고 배우고 따라하고 변화되는 건 환경설정에 달려 있습니다.

삶에서 겪는 크고 작은 시행착오에 쓰는 시간이 아까웠기 때문에 검증된 전문가나 관련 자료, 시스템에 적극적으로 플러그인 했습니다. 결정적인 조언을 구했기에 공짜를 바라지 않았습니다. 정보와 시간은 눈에 보이지 않지만 반드시 값을 지불해야 하는 무형의 가치라고 생각했기 때문입니다. 돈을 쓰면 정보에 연결될 수 있고 시간을 아낄 수 있습니다. 그리고 저는 이것이 진정한 배움이자 내 삶에 대한 책임이라고 보았습니다.

자신의 분야에서 성공가도를 달리는 분들을 치열하게 직간접적으로 관찰해보니 황당한 크기의 큰 꿈이 있었다는 것, 자율적이고 능동적인 의지를 들여 원칙을 세우고 꾸준히 도전하고 그것을 습관으로 만들었다는 것을 알게 되었습니다. 그 과정에서 바른 자세와 긍정의 마인드는 기본으로 세팅되어 있었습니다.

제가 이 책을 기획한 이유는 1년에 5번의 도전이면 인생이 바뀔 수 있다는 확신 때문이었습니다. 삶에서 아주 작은 부분을 스스로 통제할 수 있다면 인생의 큰 도전 과제도 적극 개입하여 완성할 수 있습니다. 이대로는 살 수 없다고 생각될 때 나를 살리는 작은 실천은, 아주 작은 성취감을 맛보는 것에서 시작됩니다.

실제로 12명의 팀원들과 함께 70일 동안 하루에 1~4가지 도전 과제를 해내는 프로젝트를 실행했습니다. 저마다 각기 다른 과제를 내걸었습니다. 인생의 숙원사업 같은 목록이었지요. 중요한 것도 알고 해내면 분명히 삶이 달라질 것도 알고 있었지만, 귀찮고 급하지 않다는 이유로 미루고 미루었던 과제들이었죠. 물 2리터 마시기부터 운동, 독서, 감사, 묵상, 혹은 만나는 사람에게 명함 주기까지 아주 소박한 '투두리스트'였습니다.

사소하다고 해서 하다 그만두는 일은 절대 만들지 말자는 생각으로 도전자들은 의기투합했습니다. 작은 일이라고 해서 도전이 수월한 것은 아닙니다. 하다 보면 빠뜨리는 날도 생기고 건너뛰고 싶은 날도 있습니다. 꾸준함이 어렵기 때문입니다. 그렇지만 함께 [인증하고 공유하며] 도전했기 때문에 80% 이상의 팀원들이 빠짐없이 70일을 완주했습니다. 그리고 그 작은 날갯짓이 엄청난 변화를 가져왔지요. 습관이 통으로 바뀌었고, 삶을 바라보는 가치관과 자신감이 달라졌습니다. 게다가 스스로에게 용기를 주는 적극적인 도전자로 탈바꿈되었지요.

뚜렷한 변화가 보였고, 뿌듯한 성취감이 참 좋았기에 같은 멤버로 시즌 2, 시즌 3까지 진행했습니다. 이 도전은 혼자 하면 하다 말 수 있지만 함께 하면 분명히 가능하단 걸 배웠습니다. 도전 삼세판이면 새로운 습관 3가지를 몸에 새길 수 있고, 1년에 다섯 번이면 인생도 바꿀 수 있는 강력한 의지와 원동력이 생길 것을 확신했습니다.

매일의 과제를 같은 시간에 꾸준히 실천하면서 그 과제가 내 삶에 어떤 의미이며 나는 무엇이 변화 중이고 무엇을 깨닫고 보완해야 할지 체감합니다. 나를 향한 원칙을 바로 세우고 전략적으로 도전하며 하루의 습관으로 새길 때, 흐트러진 자세가 바르게 회복되고 인간관계마저 선하게 소통될 수 있습니다.

변화를 기꺼이 양팔로 끌어안지 않는다면, 행복한 삶은 어렵습니다. 산다는 것은 곧 변화이기 때문입니다. 변화를 거부하는 것은 시한부 인생처럼 살겠다는 의미입니다. 70일간의 도전을 스스로 하는 당신은, 진정 살아있는 사람입니다. 사람은 변화에 익숙한 동물은 아니지만, 변화를 해야만 살아남는 동물입니다. 의지를 들여서 자발적으로 변화합시다. 변화는 돌아섬이 아니라 끌어안음입니다. 변화는 변질이 아니라 적응입니다.

앞서가는 21세기의 리더상은 '영성이 겸비된 사람'이라고 합니다. 지성, 이성, 감성은 교육환경과 선생님으로부터 배울 수 있지만 영성은 실전 경험을 통해 터득하는 지혜입니다. 스스로 만든 환경에서 직접 도전하지 않으면 그 누구도 대신 채워주지 않습니다. 자신을 기다려주고 일으켜 세우는 사람은 분명 타인에게도 그러한 리더십을 갖습니다. 70일의 도전으로 나를 향한 사랑과 칭찬을 아낌없이 부어주면서, 논리와 이론이 아닌 사랑과 생명력으로 성장하시길 응원합니다.

**다이어리 사용 예시**

| Date | Category | Contents |
|---|---|---|
| Season 1<br>—<br>**Day 1**<br>9월 20일 | 오늘의 메시지 | 이번 시즌 70일간 매일매일 반드시 해낸다!<br>새벽 5시 30분 기상! 하루에 고객 미팅 3개 이상!<br>하루 1명에게 선을 베푸는 마음으로 사업 기회 전하기^^ |
| | 오늘의 에너지 | 거절은 자격 테스트다. 나는 거절을 먹고 크는 나무야^^<br>내 사업 최고의 리스크는 겨우 '거절' 하나뿐! 이렇게 쉬운 일이 어디 있어?<br>거절만 견뎌내면 성장한다! 거절을 묵상하지 말고 그 시간을 아껴 도전하자! |
| | 오늘의 시너지 | •목동 M언니 만나서 모닝커피. 잠깐 만나도 늘 에너지 업시켜주는 속깊은 대화. 참 기대된다^^<br>•H 멘토님 점심 겸 상담. 귀한 시간 내주시는 멘토님께 진심으로 감사하다♡ 꽃시장 가서 핑크톤 꽃다발 사 가기!<br>•서초동에서 파트너 L과 사업미팅. 제품 관련 자료 챙기기! |
| | NOT TO DO<br>LIST | •어떤 상황에서도 화내거나 짜증내지 않기(말조심, 입조심)<br>•저녁 7시 이후로 물 이외 음식 먹지 말기<br>•무의식적으로 쓸데없이 SNS 들여다보지 않기 |
| | TO DO LIST | •운전할 때 30분짜리 음원 2개 듣기<br>•샘플 5개 챙겨 나가기<br>•다음주 화요일 스피치 자료 완성하고 3번 연습하기<br>•늘 입꼬리 올리는 연습하기(웃어야 복이 온다!)<br>•차주 U언니, E씨와 미팅 일정 확정 짓기 |
| | 오늘의 마무리 | 오늘 하루도 알차게 꽉꽉 채워 보냈다 ^^<br>새벽에 실내 스피닝 바이크 30분 타기 완료!<br>멘토님 뵙고 띵언 퍼레이드 가슴에 새겼다. 참 감사하다.<br>늘 잊지 않고 기억하도록 잘 보이는 곳에 써붙여야지~! |

| Date | Category | Contents |
|---|---|---|
| Season 3 — **Day 52** 6월 3일 | 오늘의 메시지 | 이번 시즌 챌린지! 건강 복구 마인드 복구 프로젝트!<br>영양제와 단백질 하루치 매일 챙겨 먹기 & 30분 기도와 명상<br>매일 30분 조깅(5km) 화이팅!!!<br>목표가 능력을 만든다고 믿어! 해보지 않으면 얼마나 잘 할 수 있는지 알수 없다! 해보자! |
| | 오늘의 에너지 | 내 인생 내 미래는 내 손에 달려 있다는 걸 잊지 말자.<br>나는 승리의 DNA를 가진 자다! 핑계와 변명을 멈출 때 나아갈 길이 보인다.^^ 목표를 향한 단호한 결심 절대 내려놓지 않기.<br>된다된다된다! 왠지 잘 될 것 같다!!!<br>생각대로 말대로 된다! 귀한 하루 24시간 오늘도 알뜰하게 써보자♡ |
| | 오늘의 시너지 | •고딩친구 T와 양재천 새벽 조깅! 신난다 신난다>_<<br>•P과장님, B차장님과 미팅 겸 점심식사! 화이팅 화이팅!!<br>•저녁에 대학선배 Y랑 오랜만에 딥토크 나누는 시간! |
| | NOT TO DO LIST | •오늘은 절대로 술 X, 야식 X<br>•기분대로 말하지 않기(상대방 입장 생각하며 예쁜 말하기)<br>•불필요한 영상 시청 금지(킬링타임용 시간 낭비하지 않기) |
| | TO DO LIST | •아빠가 부탁한 거 챙겨 드리기(부모님댁 잠시 들르기)<br>•친구 M, S와 토요일 커뮤니티 모임 계획 짜기<br>•치아 검진 예약하기 |
| | 오늘의 마무리 | 아침에 운동으로 시작하니 상쾌하다(역시 몸과 마음은 연결돼 있어!)<br>단백질 챙겨 먹는 거 성공!<br>우리 팀 선배님들은 성품이 정말 좋으시다. 일을 통해 성장할 포인트를 찾자!^^<br>친구 M이 요즘 그런 힘든 일이 있는 줄 몰랐다. 좀 더 챙겨줘야지.<br>아빠 만나고 마음이 짠했다. 좀 더 감사 표현을 해드려야겠다. |

# CONTENTS

## SEASON 1 첫 번째 70일
## 원칙을 세우는 시간

# SEASON 2 두 번째 70일
## 도전을 품는 시간

## SEASON 3 세 번째 70일
## 습관을 만드는 시간

# SEASON 4 네 번째 70일
## 자세를 다듬는 시간

## SEASON 5 다섯 번째 70일
## 긍정을 채우는 시간

# 굿모닝,
# 다시 없을 오늘!

고요한 새벽의 생명력으로 아침을 열었다. 오늘 하루도 작은 인생이다. 아침에 눈을 떠서 밤에 잠드는 시간까지, 하루라는 인생을 무엇을 위해 살고 어떻게 계획하며 누구와 함께 하는가? 누구에게는 그저 지나가는 하루, 누구에게는 일생일대의 결정적 순간, 누구에게는 마지막 하루, 누구에게는 인생의 첫날이다. 하루 안에도 크고 작은 변수가 가득한 마당에, 인생 전체에 변수가 없을 리 만무하다. 내가 누구이며 어디로 가고 무엇이 그 여정을 인도하는지 확실히 알면 변수보다 더 큰 방향성과 추진력이 생긴다. 하루라는 작은 인생을 헛되이 보내지 않는다면 꾹꾹 눌러 담은 밥처럼 속이 꽉 찬 열매가 맺힌다.

혹시 지금 하루 운동 30분, 새벽기상, 감사일기, 1주일에 책 1권 읽기 같은 작은 습관을 만들기 위해 애쓰고 있는가? 그 습관이 무엇이 되었건 '억지로 힘들여 해야 하는 그 일'을 반드시 지속하라. 스스로 변화를 느낄 때까지 반복하라. 주위에서 알아챌 때까지 계속하라. 그리고 그 변화가 나를 새로운 차원으로 견인할 때까지 멈추지 마라. 한두 번은 누구나 시도한다. 그러나 꾸준한 시도는 타인과 나를 구별시키는 특별한 실력이 된다. 아주 사소한 습관이라도 꾸준함의 기록은 쌓여서 쓸모 있는 작품이 된다. 누군가에게 도움이 되는 재능이나 경험담이 되거나, 나를 세우는 탄탄한 밑거름이 되며, 내 삶을 반전시킬 도구가 되기도 한다. 반복은 폭발적인 의미를 갖는 인생 유산(遺産)으로 남는다.

성공은 조금의 도전을 쌓는 사람에게 오고, 실패는 조금 더 미루는 사람에게 온다. 부자는 조금의 흑자를 꾸준히 축적하는 사람이며, 빈자는 조금의 적자를 꾸준히 누적하는 사람이다. 어제에 오늘을 더하여 하루하루 부를 쌓거나 잃는다. 세상의 성패는 나무가 숲을 이루듯이 천천히 드러난다. 어떤 가치관에 입각한 어떤 작은 행동을 매일 하는지가 내면의 빈부를 결정한다. 더 낮추고 더 채우고 더 확장시키자. 나의 그릇을 넓힐수록 내공은 차곡차곡 쌓인다. 나

쁜 날씨는 없다. 준비되지 않은 복장만 있을 뿐이다. 예고하지 못했던 어두운 미래는 없다. 대강 흘려보낸 오늘이 있을 뿐이다. 시간이 많다고 슬렁슬렁 사용하지 말라. 내가 보낸 크고 작은 시간들은 어떤 형태로든 결과를 보여줄 것이다.

# Dear Me

___

미래의 나에게

# SEASON 1

첫 번째 70일

## 원칙을 세우는 시간

당신은 생각보다 자주, 놀라운 일을 해낼 수 있는 사람이다.
생각지도 못했던 일을, 해볼 수 있는 사람이다. 믿어라.

# 행운을 끌어당기는 원칙

행운을 끌어당기는 원칙은 '없다'라는 말 쓰지 않기다. 물질이건 사람이건 재능이건 기회이건, 없는 게 아니라 안 보이는 것이고 못 느끼는 것이다. 우리가 그토록 바라마지 않는 돈, 시간, 능력, 인맥, 용기 그리고 자신감 같은 것들은 없는 게 아니라 꺼내지 않는 것이다. 없다는 판단은 사실이 아닌 주관적 믿음이며, 있다고 말하는 것도 믿음이다. 없을지 있을지는 내 말이 창조한다. 말이 길을 만든다. 말한 대로 뿌린 대로 심은 대로 거둬지는 인생에서 최고의 지휘관은 평소에 습관처럼 사용하는 '언어'다. 말이 예쁘고 선한 사람은 삶에 그 모습이 고스란히 드러난다. 말이 힘 있고 강한 사람은 성격과 행동에 표현된다. 목소리가 주눅 들어 있고 소심한 사람도 일상의 행동에 그런 성향이 반영된다. 말은 누군가의 성품과 습관을 보여주는 거울이기도 하다. 살아있는 인간은 말로서 자기 표현을 하며 그 사람의 호흡과 생명과 삶의 방향이 포함되어 있다. 입술에 파수꾼을 세우자. 믿음은 '그렇게 되고 만다'라는 강력한 표현이다. 생각이 바뀌지 않는다면 말을 먼저 바꾸고, 생각이 따라오게 하라. 당신의 변화될 생각을 말로 내뱉고 글로 적어라. 그 작은 시도는 반드시 새로운 삶을 창조할 것이다.

# 움켜쥐었던 것을 버리는 게
# 결단이다

'결단'이라는 단어는 한자어나 라틴어 모두 '자르다'라는 의미가 내
포되어 있다. 분산되었던 에너지를 하나로 합치기 위해 불필요한
일을 가지 치는 것이 결단의 우선순위다. 한 가지를 선택하고 뜻을
모았다면 오로지 그것에 매진하는 것. 그럴 때 비로소 방법이 보이
기 시작한다. 안 될 것 같았지만 결단하는 순간 될 것 같다. 안 되는
건 옵션에 없고, 반드시 되게 해야만 하기 때문이다.

| Date | Category | Contents |
|---|---|---|
| Season 1<br><br>—<br><br>Day 1<br><br>월    일 | 오늘의 메시지 | 나 자신과의 목표와 약속 |
| | 오늘의 에너지 | 나를 살리는 힘이 되는 문장, 용기를 주는 구절, 짧은 감사일기 |
| | 오늘의 시너지 | 오늘 만나게 될 사람을 향한 감사와 기대하는 마음 |
| | NOT TO DO LIST | 오늘 반드시 하지 말아야 할 일 |
| | TO DO LIST | 오늘 해야 할 일과 준비물 |
| | 오늘의 마무리 | 오늘의 배운 점, 운동 여부, 하루의 소감 |

| Date | Category | Contents |
|---|---|---|
| Season 1<br><br>—<br><br>**Day 2**<br><br>월   일 | 오늘의 메시지 | 나 자신과의 목표와 약속 |
| | 오늘의 에너지 | 나를 살리는 힘이 되는 문장, 용기를 주는 구절, 짧은 감사일기 |
| | 오늘의 시너지 | 오늘 만나게 될 사람을 향한 감사와 기대하는 마음 |
| | NOT TO DO LIST | 오늘 반드시 하지 말아야 할 일 |
| | TO DO LIST | 오늘 해야 할 일과 준비물 |
| | 오늘의 마무리 | 오늘의 배운 점, 운동 여부, 하루의 소감 |

| Date | Category | Contents |
|---|---|---|
| Season 1<br><br>—<br><br>**Day 3**<br><br>월    일 | 오늘의 메시지 | 나 자신과의 목표와 약속 |
| | 오늘의 에너지 | 나를 살리는 힘이 되는 문장, 용기를 주는 구절, 짧은 감사일기 |
| | 오늘의 시너지 | 오늘 만나게 될 사람을 향한 감사와 기대하는 마음 |
| | NOT TO DO<br>LIST | 오늘 반드시 하지 말아야 할 일 |
| | TO DO LIST | 오늘 해야 할 일과 준비물 |
| | 오늘의 마무리 | 오늘의 배운 점, 운동 여부, 하루의 소감 |

| Date | Category | Contents |
|---|---|---|
| Season 1<br><br>—<br><br>**Day 4**<br><br>월    일 | 오늘의 메시지 | 나 자신과의 목표와 약속 |
| | 오늘의 에너지 | 나를 살리는 힘이 되는 문장, 용기를 주는 구절, 짧은 감사일기 |
| | 오늘의 시너지 | 오늘 만나게 될 사람을 향한 감사와 기대하는 마음 |
| | NOT TO DO<br>LIST | 오늘 반드시 하지 말아야 할 일 |
| | TO DO LIST | 오늘 해야 할 일과 준비물 |
| | 오늘의 마무리 | 오늘의 배운 점, 운동 여부, 하루의 소감 |

| Date | Category | Contents |
|---|---|---|
| Season 1<br>—<br>**Day 5**<br>월　　일 | 오늘의 메시지 | 나 자신과의 목표와 약속 |
| | 오늘의 에너지 | 나를 살리는 힘이 되는 문장, 용기를 주는 구절, 짧은 감사일기 |
| | 오늘의 시너지 | 오늘 만나게 될 사람을 향한 감사와 기대하는 마음<br><br>. |
| | NOT TO DO<br>LIST | 오늘 반드시 하지 말아야 할 일 |
| | TO DO LIST | 오늘 해야 할 일과 준비물 |
| | 오늘의 마무리 | 오늘의 배운 점, 운동 여부, 하루의 소감 |

| Date | Category | Contents |
|---|---|---|
| Season 1 — **Day 6** 월    일 | 오늘의 메시지 | 나 자신과의 목표와 약속 |
| | 오늘의 에너지 | 나를 살리는 힘이 되는 문장, 용기를 주는 구절, 짧은 감사일기 |
| | 오늘의 시너지 | 오늘 만나게 될 사람을 향한 감사와 기대하는 마음 |
| | NOT TO DO LIST | 오늘 반드시 하지 말아야 할 일 |
| | TO DO LIST | 오늘 해야 할 일과 준비물 |
| | 오늘의 마무리 | 오늘의 배운 점, 운동 여부, 하루의 소감 |

| Date | Category | Contents |
|---|---|---|
| Season 1<br><br>—<br><br>**Day 7**<br><br>월    일 | 오늘의 메시지 | 나 자신과의 목표와 약속 |
| | 오늘의 에너지 | 나를 살리는 힘이 되는 문장, 용기를 주는 구절, 짧은 감사일기 |
| | 오늘의 시너지 | 오늘 만나게 될 사람을 향한 감사와 기대하는 마음 |
| | NOT TO DO<br>LIST | 오늘 반드시 하지 말아야 할 일 |
| | TO DO LIST | 오늘 해야 할 일과 준비물 |
| | 오늘의 마무리 | 오늘의 배운 점, 운동 여부, 하루의 소감 |

# 완벽하거나
# 탁월하거나

아직 불만이 있다면 목표를 향한 간절함보다 주위환경이 더 많이 신경 쓰인다는 뜻이다. 꿈이 분명하면 자발적인 환경설정을 통해 생각의 초점을 한 곳에 모은다. 타인의 시선과 인정에 개의치 않고 돌진한다. 그런 사람은 모든 면에서의 완벽함보다, 한 분야에서의 탁월함을 원한다. 마침내 한 분야의 일인자가 된다.

| Date | Category | Contents |
|---|---|---|
| Season 1<br><br>—<br><br>**Day 8**<br><br>월    일 | 오늘의 메시지 | 나 자신과의 목표와 약속 |
| | 오늘의 에너지 | 나를 살리는 힘이 되는 문장, 용기를 주는 구절, 짧은 감사일기 |
| | 오늘의 시너지 | 오늘 만나게 될 사람을 향한 감사와 기대하는 마음 |
| | NOT TO DO LIST | 오늘 반드시 하지 말아야 할 일 |
| | TO DO LIST | 오늘 해야 할 일과 준비물 |
| | 오늘의 마무리 | 오늘의 배운 점, 운동 여부, 하루의 소감 |

| Date | Category | Contents |
|---|---|---|
| Season 1<br>—<br>**Day 9**<br>월   일 | 오늘의 메시지 | 나 자신과의 목표와 약속 |
| | 오늘의 에너지 | 나를 살리는 힘이 되는 문장, 용기를 주는 구절, 짧은 감사일기 |
| | 오늘의 시너지 | 오늘 만나게 될 사람을 향한 감사와 기대하는 마음 |
| | NOT TO DO<br>LIST | 오늘 반드시 하지 말아야 할 일 |
| | TO DO LIST | 오늘 해야 할 일과 준비물 |
| | 오늘의 마무리 | 오늘의 배운 점, 운동 여부, 하루의 소감 |

| Date | Category | Contents |
|---|---|---|
| Season 1<br><br>—<br><br>**Day 10**<br><br>월    일 | 오늘의 메시지 | 나 자신과의 목표와 약속 |
| | 오늘의 에너지 | 나를 살리는 힘이 되는 문장, 용기를 주는 구절, 짧은 감사일기 |
| | 오늘의 시너지 | 오늘 만나게 될 사람을 향한 감사와 기대하는 마음 |
| | NOT TO DO<br>LIST | 오늘 반드시 하지 말아야 할 일 |
| | TO DO LIST | 오늘 해야 할 일과 준비물 |
| | 오늘의 마무리 | 오늘의 배운 점, 운동 여부, 하루의 소감 |

| Date | Category | Contents |
|---|---|---|
| Season 1 — **Day 11** 월 일 | 오늘의 메시지 | 나 자신과의 목표와 약속 |
| | 오늘의 에너지 | 나를 살리는 힘이 되는 문장, 용기를 주는 구절, 짧은 감사일기 |
| | 오늘의 시너지 | 오늘 만나게 될 사람을 향한 감사와 기대하는 마음 |
| | NOT TO DO LIST | 오늘 반드시 하지 말아야 할 일 |
| | TO DO LIST | 오늘 해야 할 일과 준비물 |
| | 오늘의 마무리 | 오늘의 배운 점, 운동 여부, 하루의 소감 |

| Date | Category | Contents |
|---|---|---|
| Season 1<br>—<br>**Day 12**<br>월    일 | 오늘의 메시지 | 나 자신과의 목표와 약속 |
| | 오늘의 에너지 | 나를 살리는 힘이 되는 문장, 용기를 주는 구절, 짧은 감사일기 |
| | 오늘의 시너지 | 오늘 만나게 될 사람을 향한 감사와 기대하는 마음 |
| | NOT TO DO<br>LIST | 오늘 반드시 하지 말아야 할 일 |
| | TO DO LIST | 오늘 해야 할 일과 준비물 |
| | 오늘의 마무리 | 오늘의 배운 점, 운동 여부, 하루의 소감 |

| Date | Category | Contents |
|---|---|---|
| Season 1<br>—<br>**Day 13**<br>월    일 | 오늘의 메시지 | 나 자신과의 목표와 약속 |
| | 오늘의 에너지 | 나를 살리는 힘이 되는 문장, 용기를 주는 구절, 짧은 감사일기 |
| | 오늘의 시너지 | 오늘 만나게 될 사람을 향한 감사와 기대하는 마음 |
| | NOT TO DO<br>LIST | 오늘 반드시 하지 말아야 할 일 |
| | TO DO LIST | 오늘 해야 할 일과 준비물 |
| | 오늘의 마무리 | 오늘의 배운 점, 운동 여부, 하루의 소감 |

| Date | Category | Contents |
|---|---|---|
| Season 1<br><br>—<br><br>Day 14<br><br>월   일 | 오늘의 메시지 | 나 자신과의 목표와 약속 |
| | 오늘의 에너지 | 나를 살리는 힘이 되는 문장, 용기를 주는 구절, 짧은 감사일기 |
| | 오늘의 시너지 | 오늘 만나게 될 사람을 향한 감사와 기대하는 마음 |
| | NOT TO DO LIST | 오늘 반드시 하지 말아야 할 일 |
| | TO DO LIST | 오늘 해야 할 일과 준비물 |
| | 오늘의 마무리 | 오늘의 배운 점, 운동 여부, 하루의 소감 |

# 평범한 나를 위한
# 위로의 한 마디

성공한 사람들이 특별한 배경과 능력을 가진 신비한 인물인가? 그렇지 않다. 감히 범접할 수 없는 영화 속 배우 같은 인물인가? 그렇지 않다. 그들도 평범한 '사람'이다. 그들에게도 매일 하루 24시간이 동일하게 주어지고, 머리도 하나이며, 보통의 체력과 보통의 몸을 갖고 있다. 그들은 오로지 선택하고, 집중하고, 연마하고, 사람들이 알아볼 수 있는 노력을 사회에 드러냈을 뿐이다. 우리라고 못할 이유가 무엇인가?

| Date | Category | Contents |
|---|---|---|
| Season 1 — **Day 15** 월   일 | 오늘의 메시지 | 나 자신과의 목표와 약속 |
| | 오늘의 에너지 | 나를 살리는 힘이 되는 문장, 용기를 주는 구절, 짧은 감사일기 |
| | 오늘의 시너지 | 오늘 만나게 될 사람을 향한 감사와 기대하는 마음 |
| | NOT TO DO LIST | 오늘 반드시 하지 말아야 할 일 |
| | TO DO LIST | 오늘 해야 할 일과 준비물 |
| | 오늘의 마무리 | 오늘의 배운 점, 운동 여부, 하루의 소감 |

| Date | Category | Contents |
|---|---|---|
| Season 1<br>—<br>**Day 16**<br>월 일 | 오늘의 메시지 | 나 자신과의 목표와 약속 |
| | 오늘의 에너지 | 나를 살리는 힘이 되는 문장, 용기를 주는 구절, 짧은 감사일기 |
| | 오늘의 시너지 | 오늘 만나게 될 사람을 향한 감사와 기대하는 마음 |
| | NOT TO DO<br>LIST | 오늘 반드시 하지 말아야 할 일 |
| | TO DO LIST | 오늘 해야 할 일과 준비물 |
| | 오늘의 마무리 | 오늘의 배운 점, 운동 여부, 하루의 소감 |

| Date | Category | Contents |
|---|---|---|
| Season 1<br><br>—<br><br>Day 17<br><br>월    일 | 오늘의 메시지 | 나 자신과의 목표와 약속 |
| | 오늘의 에너지 | 나를 살리는 힘이 되는 문장, 용기를 주는 구절, 짧은 감사일기 |
| | 오늘의 시너지 | 오늘 만나게 될 사람을 향한 감사와 기대하는 마음 |
| | NOT TO DO LIST | 오늘 반드시 하지 말아야 할 일 |
| | TO DO LIST | 오늘 해야 할 일과 준비물 |
| | 오늘의 마무리 | 오늘의 배운 점, 운동 여부, 하루의 소감 |

| Date | Category | Contents |
|---|---|---|
| Season 1 — **Day 18** 월 일 | 오늘의 메시지 | 나 자신과의 목표와 약속 |
| | 오늘의 에너지 | 나를 살리는 힘이 되는 문장, 용기를 주는 구절, 짧은 감사일기 |
| | 오늘의 시너지 | 오늘 만나게 될 사람을 향한 감사와 기대하는 마음 |
| | NOT TO DO LIST | 오늘 반드시 하지 말아야 할 일 |
| | TO DO LIST | 오늘 해야 할 일과 준비물 |
| | 오늘의 마무리 | 오늘의 배운 점, 운동 여부, 하루의 소감 |

| Date | Category | Contents |
|---|---|---|
| Season 1 — Day 19 월    일 | 오늘의 메시지 | 나 자신과의 목표와 약속 |
| | 오늘의 에너지 | 나를 살리는 힘이 되는 문장, 용기를 주는 구절, 짧은 감사일기 |
| | 오늘의 시너지 | 오늘 만나게 될 사람을 향한 감사와 기대하는 마음 |
| | NOT TO DO LIST | 오늘 반드시 하지 말아야 할 일 |
| | TO DO LIST | 오늘 해야 할 일과 준비물 |
| | 오늘의 마무리 | 오늘의 배운 점, 운동 여부, 하루의 소감 |

| Date | Category | Contents |
|---|---|---|
| Season 1<br><br>—<br><br>**Day 20**<br><br>월    일 | 오늘의 메시지 | 나 자신과의 목표와 약속 |
| | 오늘의 에너지 | 나를 살리는 힘이 되는 문장, 용기를 주는 구절, 짧은 감사일기 |
| | 오늘의 시너지 | 오늘 만나게 될 사람을 향한 감사와 기대하는 마음 |
| | NOT TO DO LIST | 오늘 반드시 하지 말아야 할 일 |
| | TO DO LIST | 오늘 해야 할 일과 준비물 |
| | 오늘의 마무리 | 오늘의 배운 점, 운동 여부, 하루의 소감 |

| Date | Category | Contents |
|------|----------|----------|
| Season 1 — **Day 21** 월 일 | 오늘의 메시지 | 나 자신과의 목표와 약속 |
| | 오늘의 에너지 | 나를 살리는 힘이 되는 문장, 용기를 주는 구절, 짧은 감사일기 |
| | 오늘의 시너지 | 오늘 만나게 될 사람을 향한 감사와 기대하는 마음 |
| | NOT TO DO LIST | 오늘 반드시 하지 말아야 할 일 |
| | TO DO LIST | 오늘 해야 할 일과 준비물 |
| | 오늘의 마무리 | 오늘의 배운 점, 운동 여부, 하루의 소감 |

# 진실 혹은 거짓

믿음은 동사다. "나는 믿어요"라고 말하고 행동하지 않는다면 그것
은 거짓이다. 움직임으로 표현되는 것, 그것이 믿음의 본질이다. 믿
지 않으면 행동할 수 없고, 믿는데 가만히 있을 수 없다. 사람은 믿
는 대로 선택하고 나아가며 결국 보여준다. 그 믿음이 진실이었는
지 연기였는지.

| Date | Category | Contents |
|---|---|---|
| Season 1<br><br>—<br><br>**Day 22**<br><br>월    일 | 오늘의 메시지 | 나 자신과의 목표와 약속 |
| | 오늘의 에너지 | 나를 살리는 힘이 되는 문장, 용기를 주는 구절, 짧은 감사일기 |
| | 오늘의 시너지 | 오늘 만나게 될 사람을 향한 감사와 기대하는 마음 |
| | NOT TO DO LIST | 오늘 반드시 하지 말아야 할 일 |
| | TO DO LIST | 오늘 해야 할 일과 준비물 |
| | 오늘의 마무리 | 오늘의 배운 점, 운동 여부, 하루의 소감 |

| Date | Category | Contents |
|---|---|---|
| Season 1 — **Day 23** 월   일 | 오늘의 메시지 | 나 자신과의 목표와 약속 |
| | 오늘의 에너지 | 나를 살리는 힘이 되는 문장, 용기를 주는 구절, 짧은 감사일기 |
| | 오늘의 시너지 | 오늘 만나게 될 사람을 향한 감사와 기대하는 마음 |
| | NOT TO DO LIST | 오늘 반드시 하지 말아야 할 일 |
| | TO DO LIST | 오늘 해야 할 일과 준비물 |
| | 오늘의 마무리 | 오늘의 배운 점, 운동 여부, 하루의 소감 |

| Date | Category | Contents |
|---|---|---|
| Season 1<br><br>—<br><br>**Day 24**<br><br>월   일 | 오늘의 메시지 | 나 자신과의 목표와 약속 |
| | 오늘의 에너지 | 나를 살리는 힘이 되는 문장, 용기를 주는 구절, 짧은 감사일기 |
| | 오늘의 시너지 | 오늘 만나게 될 사람을 향한 감사와 기대하는 마음 |
| | NOT TO DO<br>LIST | 오늘 반드시 하지 말아야 할 일 |
| | TO DO LIST | 오늘 해야 할 일과 준비물 |
| | 오늘의 마무리 | 오늘의 배운 점, 운동 여부, 하루의 소감 |

| Date | Category | Contents |
|---|---|---|
| Season 1<br><br>—<br><br>**Day 25**<br><br>월   일 | 오늘의 메시지 | 나 자신과의 목표와 약속 |
| | 오늘의 에너지 | 나를 살리는 힘이 되는 문장, 용기를 주는 구절, 짧은 감사일기 |
| | 오늘의 시너지 | 오늘 만나게 될 사람을 향한 감사와 기대하는 마음 |
| | NOT TO DO LIST | 오늘 반드시 하지 말아야 할 일 |
| | TO DO LIST | 오늘 해야 할 일과 준비물 |
| | 오늘의 마무리 | 오늘의 배운 점, 운동 여부, 하루의 소감 |

| Date | Category | Contents |
|---|---|---|
| Season 1 — **Day 26** 월    일 | 오늘의 메시지 | 나 자신과의 목표와 약속 |
| | 오늘의 에너지 | 나를 살리는 힘이 되는 문장, 용기를 주는 구절, 짧은 감사일기 |
| | 오늘의 시너지 | 오늘 만나게 될 사람을 향한 감사와 기대하는 마음 |
| | NOT TO DO LIST | 오늘 반드시 하지 말아야 할 일 |
| | TO DO LIST | 오늘 해야 할 일과 준비물 |
| | 오늘의 마무리 | 오늘의 배운 점, 운동 여부, 하루의 소감 |

| Date | Category | Contents |
|---|---|---|
| Season 1<br>—<br>**Day 27**<br><br>월　일 | 오늘의 메시지 | 나 자신과의 목표와 약속 |
| | 오늘의 에너지 | 나를 살리는 힘이 되는 문장, 용기를 주는 구절, 짧은 감사일기 |
| | 오늘의 시너지 | 오늘 만나게 될 사람을 향한 감사와 기대하는 마음 |
| | NOT TO DO<br>LIST | 오늘 반드시 하지 말아야 할 일 |
| | TO DO LIST | 오늘 해야 할 일과 준비물 |
| | 오늘의 마무리 | 오늘의 배운 점, 운동 여부, 하루의 소감 |

| Date | Category | Contents |
|---|---|---|
| Season 1 — Day 28 월 일 | 오늘의 메시지 | 나 자신과의 목표와 약속 |
| | 오늘의 에너지 | 나를 살리는 힘이 되는 문장, 용기를 주는 구절, 짧은 감사일기 |
| | 오늘의 시너지 | 오늘 만나게 될 사람을 향한 감사와 기대하는 마음 |
| | NOT TO DO LIST | 오늘 반드시 하지 말아야 할 일 |
| | TO DO LIST | 오늘 해야 할 일과 준비물 |
| | 오늘의 마무리 | 오늘의 배운 점, 운동 여부, 하루의 소감 |

# 속이 꽉 찬
# 도전의 열매

도전은 순도가 있다. "좀 해보지 뭐"라는 마음은 순도가 낮다. 그러나 오랜 시간 단련된 다이아몬드같이 단단한 다짐은 겉과 속이 동일하다. 꽉 찬 도전의 마음은 날카로운 비난과 질책에도 상처받지 않는다. 승리의 DNA를 가졌기에 어떤 상황에서도 감사하다. 기적은 자신의 가능성을 백퍼센트 확신하는 순도 높은 도전에서 온다. 리허설이 없는 인생에서 견고하고 안정된 삶을 위해 스스로를 일으켜 세우는 응원단장이 되자. 지금 감당하는 시간들은 모두 차곡차곡 쌓여 탐스럽고 먹음직스러운 열매로 완성될 것이다.

| Date | Category | Contents |
|---|---|---|
| Season 1<br>—<br>**Day 29**<br>월    일 | 오늘의 메시지 | 나 자신과의 목표와 약속 |
| | 오늘의 에너지 | 나를 살리는 힘이 되는 문장, 용기를 주는 구절, 짧은 감사일기 |
| | 오늘의 시너지 | 오늘 만나게 될 사람을 향한 감사와 기대하는 마음 |
| | NOT TO DO<br>LIST | 오늘 반드시 하지 말아야 할 일 |
| | TO DO LIST | 오늘 해야 할 일과 준비물 |
| | 오늘의 마무리 | 오늘의 배운 점, 운동 여부, 하루의 소감 |

| Date | Category | Contents |
|---|---|---|
| Season 1 — **Day 30** 월    일 | 오늘의 메시지 | 나 자신과의 목표와 약속 |
| | 오늘의 에너지 | 나를 살리는 힘이 되는 문장, 용기를 주는 구절, 짧은 감사일기 |
| | 오늘의 시너지 | 오늘 만나게 될 사람을 향한 감사와 기대하는 마음 |
| | NOT TO DO LIST | 오늘 반드시 하지 말아야 할 일 |
| | TO DO LIST | 오늘 해야 할 일과 준비물 |
| | 오늘의 마무리 | 오늘의 배운 점, 운동 여부, 하루의 소감 |

| Date | Category | Contents |
|---|---|---|
| Season 1 — **Day 31** 월    일 | 오늘의 메시지 | 나 자신과의 목표와 약속 |
| | 오늘의 에너지 | 나를 살리는 힘이 되는 문장, 용기를 주는 구절, 짧은 감사일기 |
| | 오늘의 시너지 | 오늘 만나게 될 사람을 향한 감사와 기대하는 마음 |
| | NOT TO DO LIST | 오늘 반드시 하지 말아야 할 일 |
| | TO DO LIST | 오늘 해야 할 일과 준비물 |
| | 오늘의 마무리 | 오늘의 배운 점, 운동 여부, 하루의 소감 |

| Date | Category | Contents |
|---|---|---|
| Season 1 — **Day 32** 월   일 | 오늘의 메시지 | 나 자신과의 목표와 약속 |
| | 오늘의 에너지 | 나를 살리는 힘이 되는 문장, 용기를 주는 구절, 짧은 감사일기 |
| | 오늘의 시너지 | 오늘 만나게 될 사람을 향한 감사와 기대하는 마음 |
| | NOT TO DO LIST | 오늘 반드시 하지 말아야 할 일 |
| | TO DO LIST | 오늘 해야 할 일과 준비물 |
| | 오늘의 마무리 | 오늘의 배운 점, 운동 여부, 하루의 소감 |

| Date | Category | Contents |
|---|---|---|
| Season 1 — **Day 33** 월   일 | 오늘의 메시지 | 나 자신과의 목표와 약속 |
| | 오늘의 에너지 | 나를 살리는 힘이 되는 문장. 용기를 주는 구절. 짧은 감사일기 |
| | 오늘의 시너지 | 오늘 만나게 될 사람을 향한 감사와 기대하는 마음 |
| | NOT TO DO LIST | 오늘 반드시 하지 말아야 할 일 |
| | TO DO LIST | 오늘 해야 할 일과 준비물 |
| | 오늘의 마무리 | 오늘의 배운 점. 운동 여부. 하루의 소감 |

| Date | Category | Contents |
|---|---|---|
| Season 1 —<br>**Day 34**<br>월    일 | 오늘의 메시지 | 나 자신과의 목표와 약속 |
| | 오늘의 에너지 | 나를 살리는 힘이 되는 문장, 용기를 주는 구절, 짧은 감사일기 |
| | 오늘의 시너지 | 오늘 만나게 될 사람을 향한 감사와 기대하는 마음 |
| | NOT TO DO<br>LIST | 오늘 반드시 하지 말아야 할 일 |
| | TO DO LIST | 오늘 해야 할 일과 준비물 |
| | 오늘의 마무리 | 오늘의 배운 점, 운동 여부, 하루의 소감 |

| Date | Category | Contents |
|---|---|---|
| Season 1 — **Day 35** 월   일 | 오늘의 메시지 | 나 자신과의 목표와 약속 |
| | 오늘의 에너지 | 나를 살리는 힘이 되는 문장, 용기를 주는 구절, 짧은 감사일기 |
| | 오늘의 시너지 | 오늘 만나게 될 사람을 향한 감사와 기대하는 마음 |
| | NOT TO DO LIST | 오늘 반드시 하지 말아야 할 일 |
| | TO DO LIST | 오늘 해야 할 일과 준비물 |
| | 오늘의 마무리 | 오늘의 배운 점, 운동 여부, 하루의 소감 |

# 그까이꺼,
# 결판을 낸다 내가!

책임을 진다는 것은 끝을 본다는 것이다. 끝내줄 자신도 없는데 '한 번 해보지 뭐'라는 식으로 가볍게 시도하면, 인생은 미완성의 조각들로 삐쭉삐쭉 채워진다. 유종의 맛을 못 본 채, 삶이 흐지부지 끝나버릴 것이다. 뭐 하나라도 제대로 완성시켜 보자. 프로가 되어 보자. '이거 하나만큼은 내가 진짜 결판을 낸다!'라는 자세로 임하자. 내가 선포한 말, 약속한 말이 실현될 때 비로소 스스로를 믿게 되고, 말대로 삶이 완성된다는 것을 깨닫게 될 것이다.

| Date | Category | Contents |
|---|---|---|
| Season 1 — **Day 36** 월 일 | 오늘의 메시지 | 나 자신과의 목표와 약속 |
| | 오늘의 에너지 | 나를 살리는 힘이 되는 문장, 용기를 주는 구절, 짧은 감사일기 |
| | 오늘의 시너지 | 오늘 만나게 될 사람을 향한 감사와 기대하는 마음 |
| | NOT TO DO LIST | 오늘 반드시 하지 말아야 할 일 |
| | TO DO LIST | 오늘 해야 할 일과 준비물 |
| | 오늘의 마무리 | 오늘의 배운 점, 운동 여부, 하루의 소감 |

| Date | Category | Contents |
|---|---|---|
| Season 1 — **Day 37** 월 일 | 오늘의 메시지 | 나 자신과의 목표와 약속 |
| | 오늘의 에너지 | 나를 살리는 힘이 되는 문장, 용기를 주는 구절, 짧은 감사일기 |
| | 오늘의 시너지 | 오늘 만나게 될 사람을 향한 감사와 기대하는 마음 |
| | NOT TO DO LIST | 오늘 반드시 하지 말아야 할 일 |
| | TO DO LIST | 오늘 해야 할 일과 준비물 |
| | 오늘의 마무리 | 오늘의 배운 점, 운동 여부, 하루의 소감 |

| Date | Category | Contents |
|---|---|---|
| Season 1<br><br>—<br><br>**Day 38**<br><br>월    일 | 오늘의 메시지 | 나 자신과의 목표와 약속 |
| | 오늘의 에너지 | 나를 살리는 힘이 되는 문장, 용기를 주는 구절, 짧은 감사일기 |
| | 오늘의 시너지 | 오늘 만나게 될 사람을 향한 감사와 기대하는 마음 |
| | NOT TO DO<br>LIST | 오늘 반드시 하지 말아야 할 일 |
| | TO DO LIST | 오늘 해야 할 일과 준비물 |
| | 오늘의 마무리 | 오늘의 배운 점, 운동 여부, 하루의 소감 |

| Date | Category | Contents |
|---|---|---|
| Season 1 — **Day 39** 월  일 | 오늘의 메시지 | 나 자신과의 목표와 약속 |
| | 오늘의 에너지 | 나를 살리는 힘이 되는 문장, 용기를 주는 구절, 짧은 감사일기 |
| | 오늘의 시너지 | 오늘 만나게 될 사람을 향한 감사와 기대하는 마음 |
| | NOT TO DO LIST | 오늘 반드시 하지 말아야 할 일 |
| | TO DO LIST | 오늘 해야 할 일과 준비물 |
| | 오늘의 마무리 | 오늘의 배운 점, 운동 여부, 하루의 소감 |

| Date | Category | Contents |
|---|---|---|
| Season 1 — **Day 40** 월 일 | 오늘의 메시지 | 나 자신과의 목표와 약속 |
| | 오늘의 에너지 | 나를 살리는 힘이 되는 문장, 용기를 주는 구절, 짧은 감사일기 |
| | 오늘의 시너지 | 오늘 만나게 될 사람을 향한 감사와 기대하는 마음 |
| | NOT TO DO LIST | 오늘 반드시 하지 말아야 할 일 |
| | TO DO LIST | 오늘 해야 할 일과 준비물 |
| | 오늘의 마무리 | 오늘의 배운 점, 운동 여부, 하루의 소감 |

| Date | Category | Contents |
|---|---|---|
| Season 1 — **Day 41** 월 일 | 오늘의 메시지 | 나 자신과의 목표와 약속 |
| | 오늘의 에너지 | 나를 살리는 힘이 되는 문장, 용기를 주는 구절, 짧은 감사일기 |
| | 오늘의 시너지 | 오늘 만나게 될 사람을 향한 감사와 기대하는 마음 |
| | NOT TO DO LIST | 오늘 반드시 하지 말아야 할 일 |
| | TO DO LIST | 오늘 해야 할 일과 준비물 |
| | 오늘의 마무리 | 오늘의 배운 점, 운동 여부, 하루의 소감 |

| Date | Category | Contents |
|---|---|---|
| Season 1<br><br>—<br><br>**Day 42**<br><br>월    일 | 오늘의 메시지 | 나 자신과의 목표와 약속 |
| | 오늘의 에너지 | 나를 살리는 힘이 되는 문장, 용기를 주는 구절, 짧은 감사일기 |
| | 오늘의 시너지 | 오늘 만나게 될 사람을 향한 감사와 기대하는 마음 |
| | NOT TO DO<br>LIST | 오늘 반드시 하지 말아야 할 일 |
| | TO DO LIST | 오늘 해야 할 일과 준비물 |
| | 오늘의 마무리 | 오늘의 배운 점, 운동 여부, 하루의 소감 |

# 동기부여는 셀프다

성공을 위한 자질은 스스로 마음을 움직이는 능력, 스스로에게 동기를 부여하는 능력을 포함한다. 남이 옆에서 온갖 동기를 팍팍 부여해줘도 며칠 후 언제 그랬냐는 듯 양은냄비처럼 식어버리고, 바람 빠진 풍선처럼 쪼그라드는 사람이 있다. 인스턴트식 임시 동기 주입은 지속 가능한 성장의 원료가 되지 못한다.

| Date | Category | Contents |
|---|---|---|
| Season 1 — **Day 43** 월 일 | 오늘의 메시지 | 나 자신과의 목표와 약속 |
| | 오늘의 에너지 | 나를 살리는 힘이 되는 문장, 용기를 주는 구절, 짧은 감사일기 |
| | 오늘의 시너지 | 오늘 만나게 될 사람을 향한 감사와 기대하는 마음 |
| | NOT TO DO LIST | 오늘 반드시 하지 말아야 할 일 |
| | TO DO LIST | 오늘 해야 할 일과 준비물 |
| | 오늘의 마무리 | 오늘의 배운 점, 운동 여부, 하루의 소감 |

| Date | Category | Contents |
|---|---|---|
| Season 1 — **Day 44** 월 일 | 오늘의 메시지 | 나 자신과의 목표와 약속 |
| | 오늘의 에너지 | 나를 살리는 힘이 되는 문장, 용기를 주는 구절, 짧은 감사일기 |
| | 오늘의 시너지 | 오늘 만나게 될 사람을 향한 감사와 기대하는 마음 |
| | NOT TO DO LIST | 오늘 반드시 하지 말아야 할 일 |
| | TO DO LIST | 오늘 해야 할 일과 준비물 |
| | 오늘의 마무리 | 오늘의 배운 점, 운동 여부, 하루의 소감 |

| Date | Category | Contents |
|---|---|---|
| Season 1 — **Day 45** 월 일 | 오늘의 메시지 | 나 자신과의 목표와 약속 |
| | 오늘의 에너지 | 나를 살리는 힘이 되는 문장, 용기를 주는 구절, 짧은 감사일기 |
| | 오늘의 시너지 | 오늘 만나게 될 사람을 향한 감사와 기대하는 마음 |
| | NOT TO DO LIST | 오늘 반드시 하지 말아야 할 일 |
| | TO DO LIST | 오늘 해야 할 일과 준비물 |
| | 오늘의 마무리 | 오늘의 배운 점, 운동 여부, 하루의 소감 |

| Date | Category | Contents |
|---|---|---|
| Season 1 — **Day 46** 월   일 | 오늘의 메시지 | 나 자신과의 목표와 약속 |
| | 오늘의 에너지 | 나를 살리는 힘이 되는 문장, 용기를 주는 구절, 짧은 감사일기 |
| | 오늘의 시너지 | 오늘 만나게 될 사람을 향한 감사와 기대하는 마음 |
| | NOT TO DO LIST | 오늘 반드시 하지 말아야 할 일 |
| | TO DO LIST | 오늘 해야 할 일과 준비물 |
| | 오늘의 마무리 | 오늘의 배운 점, 운동 여부, 하루의 소감 |

| Date | Category | Contents |
|---|---|---|
| Season 1 — **Day 47** 월   일 | 오늘의 메시지 | 나 자신과의 목표와 약속 |
| | 오늘의 에너지 | 나를 살리는 힘이 되는 문장, 용기를 주는 구절, 짧은 감사일기 |
| | 오늘의 시너지 | 오늘 만나게 될 사람을 향한 감사와 기대하는 마음 |
| | NOT TO DO LIST | 오늘 반드시 하지 말아야 할 일 |
| | TO DO LIST | 오늘 해야 할 일과 준비물 |
| | 오늘의 마무리 | 오늘의 배운 점, 운동 여부, 하루의 소감 |

| Date | Category | Contents |
|---|---|---|
| Season 1 — **Day 48** 월  일 | 오늘의 메시지 | 나 자신과의 목표와 약속 |
| | 오늘의 에너지 | 나를 살리는 힘이 되는 문장, 용기를 주는 구절, 짧은 감사일기 |
| | 오늘의 시너지 | 오늘 만나게 될 사람을 향한 감사와 기대하는 마음 |
| | NOT TO DO LIST | 오늘 반드시 하지 말아야 할 일 |
| | TO DO LIST | 오늘 해야 할 일과 준비물 |
| | 오늘의 마무리 | 오늘의 배운 점. 운동 여부, 하루의 소감 |

| Date | Category | Contents |
|---|---|---|
| Season 1 — **Day 49** 월  일 | 오늘의 메시지 | 나 자신과의 목표와 약속 |
| | 오늘의 에너지 | 나를 살리는 힘이 되는 문장, 용기를 주는 구절, 짧은 감사일기 |
| | 오늘의 시너지 | 오늘 만나게 될 사람을 향한 감사와 기대하는 마음 |
| | NOT TO DO LIST | 오늘 반드시 하지 말아야 할 일 |
| | TO DO LIST | 오늘 해야 할 일과 준비물 |
| | 오늘의 마무리 | 오늘의 배운 점, 운동 여부, 하루의 소감 |

# 농부의 마음으로
# 도전하기

잠재력은 모든 이에게 내재된 비옥한 땅이다. 씨앗을 심어야 잠재력이 효력을 발휘한다. 아직 씨앗도 뿌리지 않은 상태라면 각성하자. 뿌린 씨앗이 옥토에서 뿌리를 내리고 싹을 틔우고 열매를 맺기까지는 오랜 시간이 걸린다는 것도 잊지 말자. 해야 할 것들을 해야 진짜 나를 만날 수 있다. 나는 무엇을 할 수 있는 사람이었는지, 나는 무엇도 해내는 사람이었는지 확인하고 싶다면 우선 씨앗을 정성스럽게 뿌려라. 그리고 인내하자. 기본에 기본을 더할 때 기적이 일어난다. 성공은 벼락치듯 하루아침에 벌어지는 마술이 아니며, 씨앗을 뿌리지 않은 채 땅만 고르며 밤새 기도만 한다고 열매가 맺히는 것은 더더욱 아니다.

| Date | Category | Contents |
|---|---|---|
| Season 1<br><br>—<br><br>**Day 50**<br><br>월    일 | 오늘의 메시지 | 나 자신과의 목표와 약속 |
| | 오늘의 에너지 | 나를 살리는 힘이 되는 문장, 용기를 주는 구절, 짧은 감사일기 |
| | 오늘의 시너지 | 오늘 만나게 될 사람을 향한 감사와 기대하는 마음 |
| | NOT TO DO<br>LIST | 오늘 반드시 하지 말아야 할 일 |
| | TO DO LIST | 오늘 해야 할 일과 준비물 |
| | 오늘의 마무리 | 오늘의 배운 점, 운동 여부, 하루의 소감 |

| Date | Category | Contents |
|---|---|---|
| Season 1 — **Day 51** 월   일 | 오늘의 메시지 | 나 자신과의 목표와 약속 |
| | 오늘의 에너지 | 나를 살리는 힘이 되는 문장. 용기를 주는 구절. 짧은 감사일기 |
| | 오늘의 시너지 | 오늘 만나게 될 사람을 향한 감사와 기대하는 마음 |
| | NOT TO DO LIST | 오늘 반드시 하지 말아야 할 일 |
| | TO DO LIST | 오늘 해야 할 일과 준비물 |
| | 오늘의 마무리 | 오늘의 배운 점. 운동 여부. 하루의 소감 |

| Date | Category | Contents |
|---|---|---|
| Season 1<br><br>—<br><br>**Day 52**<br><br>월 일 | 오늘의 메시지 | 나 자신과의 목표와 약속 |
| | 오늘의 에너지 | 나를 살리는 힘이 되는 문장, 용기를 주는 구절, 짧은 감사일기 |
| | 오늘의 시너지 | 오늘 만나게 될 사람을 향한 감사와 기대하는 마음 |
| | NOT TO DO LIST | 오늘 반드시 하지 말아야 할 일 |
| | TO DO LIST | 오늘 해야 할 일과 준비물 |
| | 오늘의 마무리 | 오늘의 배운 점, 운동 여부, 하루의 소감 |

| Date | Category | Contents |
|---|---|---|
| Season 1 — **Day 53** 월  일 | 오늘의 메시지 | 나 자신과의 목표와 약속 |
| | 오늘의 에너지 | 나를 살리는 힘이 되는 문장, 용기를 주는 구절, 짧은 감사일기 |
| | 오늘의 시너지 | 오늘 만나게 될 사람을 향한 감사와 기대하는 마음 |
| | NOT TO DO LIST | 오늘 반드시 하지 말아야 할 일 |
| | TO DO LIST | 오늘 해야 할 일과 준비물 |
| | 오늘의 마무리 | 오늘의 배운 점, 운동 여부, 하루의 소감 |

| Date | Category | Contents |
|---|---|---|
| Season 1<br><br>—<br><br>**Day 54**<br><br>월    일 | 오늘의 메시지 | 나 자신과의 목표와 약속 |
| | 오늘의 에너지 | 나를 살리는 힘이 되는 문장, 용기를 주는 구절, 짧은 감사일기 |
| | 오늘의 시너지 | 오늘 만나게 될 사람을 향한 감사와 기대하는 마음 |
| | NOT TO DO LIST | 오늘 반드시 하지 말아야 할 일 |
| | TO DO LIST | 오늘 해야 할 일과 준비물 |
| | 오늘의 마무리 | 오늘의 배운 점, 운동 여부, 하루의 소감 |

| Date | Category | Contents |
|---|---|---|
| Season 1 — **Day 55** 월   일 | 오늘의 메시지 | 나 자신과의 목표와 약속 |
| | 오늘의 에너지 | 나를 살리는 힘이 되는 문장, 용기를 주는 구절, 짧은 감사일기 |
| | 오늘의 시너지 | 오늘 만나게 될 사람을 향한 감사와 기대하는 마음 |
| | NOT TO DO LIST | 오늘 반드시 하지 말아야 할 일 |
| | TO DO LIST | 오늘 해야 할 일과 준비물 |
| | 오늘의 마무리 | 오늘의 배운 점, 운동 여부, 하루의 소감 |

| Date | Category | Contents |
|---|---|---|
| Season 1<br>—<br>**Day 56**<br><br>월    일 | 오늘의 메시지 | 나 자신과의 목표와 약속 |
| | 오늘의 에너지 | 나를 살리는 힘이 되는 문장, 용기를 주는 구절, 짧은 감사일기 |
| | 오늘의 시너지 | 오늘 만나게 될 사람을 향한 감사와 기대하는 마음 |
| | NOT TO DO<br>LIST | 오늘 반드시 하지 말아야 할 일 |
| | TO DO LIST | 오늘 해야 할 일과 준비물 |
| | 오늘의 마무리 | 오늘의 배운 점, 운동 여부, 하루의 소감 |

# 과거를 곱씹으면
# 나만 손해다

사연 있는 사람이 되지 마라. 왕년의 사연, 힘들었던 사연, 모든 사연들이 나를 만드는 것은 맞다. 그걸 통해 교훈을 얻는 건 맞다. 그러나 그 사연에 함몰되지 마라. 그 사연을 딛고 일어서라. 그 사연에 흠뻑 빠져서 과거에서 살지 마라. 과거는 과거일 뿐, 그 과거가 현재의 나에게 영향을 미치게끔 내버려두지 마라. 그 사연은 미래의 나를 재단하기 때문이다. '넌 그런 사람이야, 넌 그런 일을 겪었으니 그런 주홍글씨가 새겨졌어.' 이런 생각들은 결국 스스로 열쇠 없는 감옥을 만든다. 불필요한 고정관념의 틀에 나를 가뒀다면, 과감하게 버리자. 원래 그런 사람은 없다. 원래 그래야만 한다는 법도 없다.

| Date | Category | Contents |
|------|----------|----------|
| Season 1 — **Day 57** 월 일 | 오늘의 메시지 | 나 자신과의 목표와 약속 |
| | 오늘의 에너지 | 나를 살리는 힘이 되는 문장, 용기를 주는 구절, 짧은 감사일기 |
| | 오늘의 시너지 | 오늘 만나게 될 사람을 향한 감사와 기대하는 마음 |
| | NOT TO DO LIST | 오늘 반드시 하지 말아야 할 일 |
| | TO DO LIST | 오늘 해야 할 일과 준비물 |
| | 오늘의 마무리 | 오늘의 배운 점, 운동 여부, 하루의 소감 |

| Date | Category | Contents |
|---|---|---|
| Season 1 — **Day 58** 월 일 | 오늘의 메시지 | 나 자신과의 목표와 약속 |
| | 오늘의 에너지 | 나를 살리는 힘이 되는 문장, 용기를 주는 구절, 짧은 감사일기 |
| | 오늘의 시너지 | 오늘 만나게 될 사람을 향한 감사와 기대하는 마음 |
| | NOT TO DO LIST | 오늘 반드시 하지 말아야 할 일 |
| | TO DO LIST | 오늘 해야 할 일과 준비물 |
| | 오늘의 마무리 | 오늘의 배운 점, 운동 여부, 하루의 소감 |

| Date | Category | Contents |
|---|---|---|
| Season 1 — **Day 59** 월 일 | 오늘의 메시지 | 나 자신과의 목표와 약속 |
| | 오늘의 에너지 | 나를 살리는 힘이 되는 문장, 용기를 주는 구절, 짧은 감사일기 |
| | 오늘의 시너지 | 오늘 만나게 될 사람을 향한 감사와 기대하는 마음 |
| | NOT TO DO LIST | 오늘 반드시 하지 말아야 할 일 |
| | TO DO LIST | 오늘 해야 할 일과 준비물 |
| | 오늘의 마무리 | 오늘의 배운 점, 운동 여부, 하루의 소감 |

| Date | Category | Contents |
| --- | --- | --- |
| Season 1 — **Day 60** 월 일 | 오늘의 메시지 | 나 자신과의 목표와 약속 |
| | 오늘의 에너지 | 나를 살리는 힘이 되는 문장, 용기를 주는 구절, 짧은 감사일기 |
| | 오늘의 시너지 | 오늘 만나게 될 사람을 향한 감사와 기대하는 마음 |
| | NOT TO DO LIST | 오늘 반드시 하지 말아야 할 일 |
| | TO DO LIST | 오늘 해야 할 일과 준비물 |
| | 오늘의 마무리 | 오늘의 배운 점, 운동 여부, 하루의 소감 |

| Date | Category | Contents |
|---|---|---|
| Season 1<br>—<br>**Day 61**<br>월    일 | 오늘의 메시지 | 나 자신과의 목표와 약속 |
| | 오늘의 에너지 | 나를 살리는 힘이 되는 문장, 용기를 주는 구절, 짧은 감사일기 |
| | 오늘의 시너지 | 오늘 만나게 될 사람을 향한 감사와 기대하는 마음 |
| | NOT TO DO<br>LIST | 오늘 반드시 하지 말아야 할 일 |
| | TO DO LIST | 오늘 해야 할 일과 준비물 |
| | 오늘의 마무리 | 오늘의 배운 점, 운동 여부, 하루의 소감 |

| Date | Category | Contents |
|---|---|---|
| Season 1 — **Day 62** 월 일 | 오늘의 메시지 | 나 자신과의 목표와 약속 |
| | 오늘의 에너지 | 나를 살리는 힘이 되는 문장, 용기를 주는 구절, 짧은 감사일기 |
| | 오늘의 시너지 | 오늘 만나게 될 사람을 향한 감사와 기대하는 마음 |
| | NOT TO DO LIST | 오늘 반드시 하지 말아야 할 일 |
| | TO DO LIST | 오늘 해야 할 일과 준비물 |
| | 오늘의 마무리 | 오늘의 배운 점, 운동 여부, 하루의 소감 |

| Date | Category | Contents |
|---|---|---|
| Season 1 — **Day 63** 월 일 | 오늘의 메시지 | 나 자신과의 목표와 약속 |
| | 오늘의 에너지 | 나를 살리는 힘이 되는 문장, 용기를 주는 구절, 짧은 감사일기 |
| | 오늘의 시너지 | 오늘 만나게 될 사람을 향한 감사와 기대하는 마음 |
| | NOT TO DO LIST | 오늘 반드시 하지 말아야 할 일 |
| | TO DO LIST | 오늘 해야 할 일과 준비물 |
| | 오늘의 마무리 | 오늘의 배운 점, 운동 여부, 하루의 소감 |

# 자석 같은
# 매력 발산법

사람은 재능을 표현할 때 기쁨을 느낀다. 얻을 수 있는 것보다 줄 수 있는 것에서 재능을 찾는다. 그리고 그것을 계발하고 성장시키는 것이 삶의 목적이 될 때 기쁨이 묻어나는 하루를 보내게 된다. 흠뻑 빠져 있는 일, 잘하는 일에 몰입할 때 곁에 있는 사람들이 나에게 모인다. 사랑을 다해 일하면 에너지가 선순환된다. 그것은 돈이 된다. 돈을 벌 목적 없이 시도했던 그 일이 결국 돈을 만든다.

| Date | Category | Contents |
|---|---|---|
| Season 1<br><br>—<br><br>**Day 64**<br><br>월    일 | 오늘의 메시지 | 나 자신과의 목표와 약속 |
| | 오늘의 에너지 | 나를 살리는 힘이 되는 문장, 용기를 주는 구절, 짧은 감사일기 |
| | 오늘의 시너지 | 오늘 만나게 될 사람을 향한 감사와 기대하는 마음 |
| | NOT TO DO<br>LIST | 오늘 반드시 하지 말아야 할 일 |
| | TO DO LIST | 오늘 해야 할 일과 준비물 |
| | 오늘의 마무리 | 오늘의 배운 점, 운동 여부, 하루의 소감 |

| Date | Category | Contents |
|---|---|---|
| Season 1<br><br>—<br><br>**Day 65**<br><br>월    일 | 오늘의 메시지 | 나 자신과의 목표와 약속 |
| | 오늘의 에너지 | 나를 살리는 힘이 되는 문장, 용기를 주는 구절, 짧은 감사일기 |
| | 오늘의 시너지 | 오늘 만나게 될 사람을 향한 감사와 기대하는 마음 |
| | NOT TO DO LIST | 오늘 반드시 하지 말아야 할 일 |
| | TO DO LIST | 오늘 해야 할 일과 준비물 |
| | 오늘의 마무리 | 오늘의 배운 점, 운동 여부, 하루의 소감 |

| Date | Category | Contents |
|------|----------|----------|
| Season 1 — **Day 66** 월 일 | 오늘의 메시지 | 나 자신과의 목표와 약속 |
| | 오늘의 에너지 | 나를 살리는 힘이 되는 문장, 용기를 주는 구절, 짧은 감사일기 |
| | 오늘의 시너지 | 오늘 만나게 될 사람을 향한 감사와 기대하는 마음 |
| | NOT TO DO LIST | 오늘 반드시 하지 말아야 할 일 |
| | TO DO LIST | 오늘 해야 할 일과 준비물 |
| | 오늘의 마무리 | 오늘의 배운 점, 운동 여부, 하루의 소감 |

| Date | Category | Contents |
|---|---|---|
| **Season 1**<br><br>—<br><br>**Day 67**<br><br>월    일 | 오늘의 메시지 | 나 자신과의 목표와 약속 |
| | 오늘의 에너지 | 나를 살리는 힘이 되는 문장, 용기를 주는 구절, 짧은 감사일기 |
| | 오늘의 시너지 | 오늘 만나게 될 사람을 향한 감사와 기대하는 마음 |
| | NOT TO DO LIST | 오늘 반드시 하지 말아야 할 일 |
| | TO DO LIST | 오늘 해야 할 일과 준비물 |
| | 오늘의 마무리 | 오늘의 배운 점, 운동 여부, 하루의 소감 |

| Date | Category | Contents |
|---|---|---|
| Season 1 — Day 68 월 일 | 오늘의 메시지 | 나 자신과의 목표와 약속 |
| | 오늘의 에너지 | 나를 살리는 힘이 되는 문장, 용기를 주는 구절, 짧은 감사일기 |
| | 오늘의 시너지 | 오늘 만나게 될 사람을 향한 감사와 기대하는 마음 |
| | NOT TO DO LIST | 오늘 반드시 하지 말아야 할 일 |
| | TO DO LIST | 오늘 해야 할 일과 준비물 |
| | 오늘의 마무리 | 오늘의 배운 점, 운동 여부, 하루의 소감 |

| Date | Category | Contents |
|---|---|---|
| Season 1<br><br>—<br><br>**Day 69**<br><br>월     일 | 오늘의 메시지 | 나 자신과의 목표와 약속 |
| | 오늘의 에너지 | 나를 살리는 힘이 되는 문장, 용기를 주는 구절, 짧은 감사일기 |
| | 오늘의 시너지 | 오늘 만나게 될 사람을 향한 감사와 기대하는 마음 |
| | NOT TO DO LIST | 오늘 반드시 하지 말아야 할 일 |
| | TO DO LIST | 오늘 해야 할 일과 준비물 |
| | 오늘의 마무리 | 오늘의 배운 점, 운동 여부, 하루의 소감 |

| Date | Category | Contents |
|---|---|---|
| **Season 1**<br>—<br>**Day 70**<br>월   일 | 오늘의 메시지 | 나 자신과의 목표와 약속 |
| | 오늘의 에너지 | 나를 살리는 힘이 되는 문장, 용기를 주는 구절, 짧은 감사일기 |
| | 오늘의 시너지 | 오늘 만나게 될 사람을 향한 감사와 기대하는 마음 |
| | NOT TO DO LIST | 오늘 반드시 하지 말아야 할 일 |
| | TO DO LIST | 오늘 해야 할 일과 준비물 |
| | 오늘의 마무리 | 오늘의 배운 점, 운동 여부, 하루의 소감 |

# 새벽이 주는 선물

하루의 패턴을 바꾸고 싶을 때, 더 이상 이렇게는 살기 싫을 때 시도해봄직 한 것이 바로 새벽기상이다. 새벽기상은 변화의 최고봉이다. 내 삶에 변화를 주고 싶은 의지가 강렬하다면, 새벽기상에 도전해보라. 남들은 자고 있는 고요한 새벽, 오롯이 나를 위해 집중할 수 있는 시간을 선물로 받게 된다. 나는 어디까지 해낼 수 있는 사람인지, 나는 무엇에 집중하고자 하는 사람인지 찾게 된다. 새벽에 일어날 수밖에 없게 하는 그 이유, 그 이유가 내 머리와 가슴을 꽉 쥐고 있는 열쇠라는 것을 기억하자.

# SEASON 2

두 번째 70일

## 도전을 품는 시간

뒤통수를 맞아야만, 큰 변수를 겪어야만 정신을 차리는 사람이 있다.
만약 그런 계기 없이도 변화되고 결단하는 사람이 있다면
가장 지혜로운 사람일 것이다.

# 아이디어에
# 생명을 부여하라

모든 아이디어는 실천될 때 의미가 있다. 실천되지 않은 아이디어는 백만 불짜리여도 피어나지 못한 꽃이며 냉동고에 보관되어진 세포와 같다. 그러니 말은 줄이고 지금 당장 종이를 펴서 적고 SNS에 공유하고 동료를 모아라. 위대한 성공도 시작은 별 거 없다. 활자화시키고 나 외에 다른 사람도 알 수 있게 공유하여 무적의 팀을 결성하는 것이다. 기록은 뜬구름 같은 생각에 생명을 부여한다. 생각을 정리하며 늘 메모하는 습관은 평범한 타인과 구별되는 분명한 강점이다. 글을 읽기만 하고 홀로 생각하는 사람은, 글을 쓰며 생각을 모아 편집하고 공유하는 사람을 이길 수 없다.

# 선 변화
# 후 성장

익숙한 곳에 오래 머물면 새로운 것을 볼 수 없다. 기회와 성장은 모두 새로움의 영역에 있다. 과감하게 변화에 도전하면 새로운 곳의 것들이 점차 친숙해진다. 새로움에 적응해 갈 때쯤 나를 따르는 사람들이 모여든다. 새로움을 주변에 전파하면 나에게 돈이 된다. 새로운 것이 대중들에게 익숙한 것이 되어질 때쯤, 나는 또 다시 낯선 영역으로 발을 디딘다. 인생의 얼리어답터가 되면 늘 경제적 여유를 갖고 살 수 있다.

| Date | Category | Contents |
|---|---|---|
| Season 2<br><br>—<br><br>**Day 1**<br><br>월    일 | 오늘의 메시지 | 나 자신과의 목표와 약속 |
| | 오늘의 에너지 | 나를 살리는 힘이 되는 문장, 용기를 주는 구절, 짧은 감사일기 |
| | 오늘의 시너지 | 오늘 만나게 될 사람을 향한 감사와 기대하는 마음 |
| | NOT TO DO LIST | 오늘 반드시 하지 말아야 할 일 |
| | TO DO LIST | 오늘 해야 할 일과 준비물 |
| | 오늘의 마무리 | 오늘의 배운 점, 운동 여부, 하루의 소감 |

| Date | Category | Contents |
|---|---|---|
| Season 2 — **Day 2** 월   일 | 오늘의 메시지 | 나 자신과의 목표와 약속 |
| | 오늘의 에너지 | 나를 살리는 힘이 되는 문장, 용기를 주는 구절, 짧은 감사일기 |
| | 오늘의 시너지 | 오늘 만나게 될 사람을 향한 감사와 기대하는 마음 |
| | NOT TO DO LIST | 오늘 반드시 하지 말아야 할 일 |
| | TO DO LIST | 오늘 해야 할 일과 준비물 |
| | 오늘의 마무리 | 오늘의 배운 점, 운동 여부, 하루의 소감 |

| Date | Category | Contents |
|---|---|---|
| Season 2<br><br>—<br><br>**Day 3**<br><br>월    일 | 오늘의 메시지 | 나 자신과의 목표와 약속 |
| | 오늘의 에너지 | 나를 살리는 힘이 되는 문장, 용기를 주는 구절, 짧은 감사일기 |
| | 오늘의 시너지 | 오늘 만나게 될 사람을 향한 감사와 기대하는 마음 |
| | NOT TO DO<br>LIST | 오늘 반드시 하지 말아야 할 일 |
| | TO DO LIST | 오늘 해야 할 일과 준비물 |
| | 오늘의 마무리 | 오늘의 배운 점, 운동 여부, 하루의 소감 |

| Date | Category | Contents |
|---|---|---|
| Season 2<br><br>—<br><br>**Day 4**<br><br>월    일 | 오늘의 메시지 | 나 자신과의 목표와 약속 |
| | 오늘의 에너지 | 나를 살리는 힘이 되는 문장, 용기를 주는 구절, 짧은 감사일기 |
| | 오늘의 시너지 | 오늘 만나게 될 사람을 향한 감사와 기대하는 마음 |
| | NOT TO DO LIST | 오늘 반드시 하지 말아야 할 일 |
| | TO DO LIST | 오늘 해야 할 일과 준비물 |
| | 오늘의 마무리 | 오늘의 배운 점, 운동 여부, 하루의 소감 |

| Date | Category | Contents |
|---|---|---|
| Season 2<br><br>—<br><br>**Day 5**<br><br>월   일 | 오늘의 메시지 | 나 자신과의 목표와 약속 |
| | 오늘의 에너지 | 나를 살리는 힘이 되는 문장, 용기를 주는 구절, 짧은 감사일기 |
| | 오늘의 시너지 | 오늘 만나게 될 사람을 향한 감사와 기대하는 마음 |
| | NOT TO DO LIST | 오늘 반드시 하지 말아야 할 일 |
| | TO DO LIST | 오늘 해야 할 일과 준비물 |
| | 오늘의 마무리 | 오늘의 배운 점, 운동 여부, 하루의 소감 |

| Date | Category | Contents |
|---|---|---|
| Season 2 — Day 6 월 일 | 오늘의 메시지 | 나 자신과의 목표와 약속 |
| | 오늘의 에너지 | 나를 살리는 힘이 되는 문장, 용기를 주는 구절, 짧은 감사일기 |
| | 오늘의 시너지 | 오늘 만나게 될 사람을 향한 감사와 기대하는 마음 |
| | NOT TO DO LIST | 오늘 반드시 하지 말아야 할 일 |
| | TO DO LIST | 오늘 해야 할 일과 준비물 |
| | 오늘의 마무리 | 오늘의 배운 점, 운동 여부, 하루의 소감 |

| Date | Category | Contents |
|---|---|---|
| Season 2 — **Day 7** 월    일 | 오늘의 메시지 | 나 자신과의 목표와 약속 |
| | 오늘의 에너지 | 나를 살리는 힘이 되는 문장, 용기를 주는 구절, 짧은 감사일기 |
| | 오늘의 시너지 | 오늘 만나게 될 사람을 향한 감사와 기대하는 마음 |
| | NOT TO DO LIST | 오늘 반드시 하지 말아야 할 일 |
| | TO DO LIST | 오늘 해야 할 일과 준비물 |
| | 오늘의 마무리 | 오늘의 배운 점, 운동 여부, 하루의 소감 |

# 알람 없이
# 새벽에 일어나는 법

내가 새벽기상을 습관으로 만든 비결은, 충분한 수면을 취할 수 있
도록 취침 시각을 이르게 설정했던 것, 그리고 다음 날 기상 후 할
일을 생각하며 전날 밤부터 흥분했던 것이다. 내일이 기대될 때 잠
드는 순간이 행복하다. 내일 할 일 때문에 가슴이 떨리게 하라. 알람
이 필요 없다.

| Date | Category | Contents |
|---|---|---|
| Season 2 — **Day 8** 월   일 | 오늘의 메시지 | 나 자신과의 목표와 약속 |
| | 오늘의 에너지 | 나를 살리는 힘이 되는 문장, 용기를 주는 구절, 짧은 감사일기 |
| | 오늘의 시너지 | 오늘 만나게 될 사람을 향한 감사와 기대하는 마음 |
| | NOT TO DO LIST | 오늘 반드시 하지 말아야 할 일 |
| | TO DO LIST | 오늘 해야 할 일과 준비물 |
| | 오늘의 마무리 | 오늘의 배운 점, 운동 여부, 하루의 소감 |

| Date | Category | Contents |
|---|---|---|
| Season 2<br><br>—<br><br>**Day 9**<br><br>월    일 | 오늘의 메시지 | 나 자신과의 목표와 약속 |
| | 오늘의 에너지 | 나를 살리는 힘이 되는 문장, 용기를 주는 구절, 짧은 감사일기 |
| | 오늘의 시너지 | 오늘 만나게 될 사람을 향한 감사와 기대하는 마음 |
| | NOT TO DO LIST | 오늘 반드시 하지 말아야 할 일 |
| | TO DO LIST | 오늘 해야 할 일과 준비물 |
| | 오늘의 마무리 | 오늘의 배운 점, 운동 여부, 하루의 소감 |

| Date | Category | Contents |
|---|---|---|
| Season 2 — **Day 10** 월 일 | 오늘의 메시지 | 나 자신과의 목표와 약속 |
| | 오늘의 에너지 | 나를 살리는 힘이 되는 문장, 용기를 주는 구절, 짧은 감사일기 |
| | 오늘의 시너지 | 오늘 만나게 될 사람을 향한 감사와 기대하는 마음 |
| | NOT TO DO LIST | 오늘 반드시 하지 말아야 할 일 |
| | TO DO LIST | 오늘 해야 할 일과 준비물 |
| | 오늘의 마무리 | 오늘의 배운 점, 운동 여부, 하루의 소감 |

| Date | Category | Contents |
|---|---|---|
| Season 2<br>—<br>**Day 11**<br>월   일 | 오늘의 메시지 | 나 자신과의 목표와 약속 |
| | 오늘의 에너지 | 나를 살리는 힘이 되는 문장, 용기를 주는 구절, 짧은 감사일기 |
| | 오늘의 시너지 | 오늘 만나게 될 사람을 향한 감사와 기대하는 마음 |
| | NOT TO DO<br>LIST | 오늘 반드시 하지 말아야 할 일 |
| | TO DO LIST | 오늘 해야 할 일과 준비물 |
| | 오늘의 마무리 | 오늘의 배운 점, 운동 여부, 하루의 소감 |

| Date | Category | Contents |
|---|---|---|
| Season 2 — **Day 12** 월    일 | 오늘의 메시지 | 나 자신과의 목표와 약속 |
| | 오늘의 에너지 | 나를 살리는 힘이 되는 문장, 용기를 주는 구절, 짧은 감사일기 |
| | 오늘의 시너지 | 오늘 만나게 될 사람을 향한 감사와 기대하는 마음 |
| | NOT TO DO LIST | 오늘 반드시 하지 말아야 할 일 |
| | TO DO LIST | 오늘 해야 할 일과 준비물 |
| | 오늘의 마무리 | 오늘의 배운 점, 운동 여부, 하루의 소감 |

| Date | Category | Contents |
|---|---|---|
| Season 2<br><br>—<br><br>**Day 13**<br><br>월　　일 | 오늘의 메시지 | 나 자신과의 목표와 약속 |
| | 오늘의 에너지 | 나를 살리는 힘이 되는 문장, 용기를 주는 구절, 짧은 감사일기 |
| | 오늘의 시너지 | 오늘 만나게 될 사람을 향한 감사와 기대하는 마음 |
| | NOT TO DO<br>LIST | 오늘 반드시 하지 말아야 할 일 |
| | TO DO LIST | 오늘 해야 할 일과 준비물 |
| | 오늘의 마무리 | 오늘의 배운 점, 운동 여부, 하루의 소감 |

| Date | Category | Contents |
|---|---|---|
| Season 2<br><br>—<br><br>**Day 14**<br><br>월   일 | 오늘의 메시지 | 나 자신과의 목표와 약속 |
| | 오늘의 에너지 | 나를 살리는 힘이 되는 문장, 용기를 주는 구절, 짧은 감사일기 |
| | 오늘의 시너지 | 오늘 만나게 될 사람을 향한 감사와 기대하는 마음 |
| | NOT TO DO LIST | 오늘 반드시 하지 말아야 할 일 |
| | TO DO LIST | 오늘 해야 할 일과 준비물 |
| | 오늘의 마무리 | 오늘의 배운 점, 운동 여부, 하루의 소감 |

# 궁금, 정성, 인내

일단 궁금해 하라. 궁금해 해야 불이 붙는다. #안물안궁인 사람에게 기회가 올 수는 없다. 조금 더 마음을 넓게 열면 그 호기심이 곧 흥미와 의미로 돌아올 것이다. 그 다음, 대충을 버려라. 완전을 기하라. 대충이 몸에 밴 사람에게 성장과 성취가 오는 경우는 없다. 그 다음 지속하라. 남과 비교하지도 말고, 내 상황과 수준에서 최선의 인내를 다하라. 그리고 이 모든 과정 위에서 맨 처음 나를 설레게 했던 꿈의 이유, 이 길을 가야만 하는 이유를 늘 기억하라. 꿈의 바탕 위에서 호기심을 갖고 달릴 때 확실한 성공의 증표를 획득하게 된다.

| Date | Category | Contents |
|---|---|---|
| Season 2 — **Day 15** 월 일 | 오늘의 메시지 | 나 자신과의 목표와 약속 |
| | 오늘의 에너지 | 나를 살리는 힘이 되는 문장, 용기를 주는 구절, 짧은 감사일기 |
| | 오늘의 시너지 | 오늘 만나게 될 사람을 향한 감사와 기대하는 마음 |
| | NOT TO DO LIST | 오늘 반드시 하지 말아야 할 일 |
| | TO DO LIST | 오늘 해야 할 일과 준비물 |
| | 오늘의 마무리 | 오늘의 배운 점, 운동 여부, 하루의 소감 |

| Date | Category | Contents |
|---|---|---|
| Season 2<br><br>—<br><br>**Day 16**<br><br>월   일 | 오늘의 메시지 | 나 자신과의 목표와 약속 |
| | 오늘의 에너지 | 나를 살리는 힘이 되는 문장, 용기를 주는 구절, 짧은 감사일기 |
| | 오늘의 시너지 | 오늘 만나게 될 사람을 향한 감사와 기대하는 마음 |
| | NOT TO DO<br>LIST | 오늘 반드시 하지 말아야 할 일 |
| | TO DO LIST | 오늘 해야 할 일과 준비물 |
| | 오늘의 마무리 | 오늘의 배운 점, 운동 여부, 하루의 소감 |

| Date | Category | Contents |
|---|---|---|
| Season 2 — **Day 17** 월   일 | 오늘의 메시지 | 나 자신과의 목표와 약속 |
| | 오늘의 에너지 | 나를 살리는 힘이 되는 문장, 용기를 주는 구절, 짧은 감사일기 |
| | 오늘의 시너지 | 오늘 만나게 될 사람을 향한 감사와 기대하는 마음 |
| | NOT TO DO LIST | 오늘 반드시 하지 말아야 할 일 |
| | TO DO LIST | 오늘 해야 할 일과 준비물 |
| | 오늘의 마무리 | 오늘의 배운 점, 운동 여부, 하루의 소감 |

| Date | Category | Contents |
|---|---|---|
| Season 2 — **Day 18** 월  일 | 오늘의 메시지 | 나 자신과의 목표와 약속 |
| | 오늘의 에너지 | 나를 살리는 힘이 되는 문장, 용기를 주는 구절, 짧은 감사일기 |
| | 오늘의 시너지 | 오늘 만나게 될 사람을 향한 감사와 기대하는 마음 |
| | NOT TO DO LIST | 오늘 반드시 하지 말아야 할 일 |
| | TO DO LIST | 오늘 해야 할 일과 준비물 |
| | 오늘의 마무리 | 오늘의 배운 점, 운동 여부, 하루의 소감 |

| Date | Category | Contents |
|---|---|---|
| Season 2 — **Day 19** 월 일 | 오늘의 메시지 | 나 자신과의 목표와 약속 |
| | 오늘의 에너지 | 나를 살리는 힘이 되는 문장, 용기를 주는 구절, 짧은 감사일기 |
| | 오늘의 시너지 | 오늘 만나게 될 사람을 향한 감사와 기대하는 마음 |
| | NOT TO DO LIST | 오늘 반드시 하지 말아야 할 일 |
| | TO DO LIST | 오늘 해야 할 일과 준비물 |
| | 오늘의 마무리 | 오늘의 배운 점, 운동 여부, 하루의 소감 |

| Date | Category | Contents |
|---|---|---|
| **Season 2**<br>—<br>**Day 20**<br>월    일 | 오늘의 메시지 | 나 자신과의 목표와 약속 |
| | 오늘의 에너지 | 나를 살리는 힘이 되는 문장, 용기를 주는 구절, 짧은 감사일기 |
| | 오늘의 시너지 | 오늘 만나게 될 사람을 향한 감사와 기대하는 마음 |
| | NOT TO DO LIST | 오늘 반드시 하지 말아야 할 일 |
| | TO DO LIST | 오늘 해야 할 일과 준비물 |
| | 오늘의 마무리 | 오늘의 배운 점, 운동 여부, 하루의 소감 |

| Date | Category | Contents |
|---|---|---|
| Season 2 — **Day 21** 월  일 | 오늘의 메시지 | 나 자신과의 목표와 약속 |
| | 오늘의 에너지 | 나를 살리는 힘이 되는 문장, 용기를 주는 구절, 짧은 감사일기 |
| | 오늘의 시너지 | 오늘 만나게 될 사람을 향한 감사와 기대하는 마음 |
| | NOT TO DO LIST | 오늘 반드시 하지 말아야 할 일 |
| | TO DO LIST | 오늘 해야 할 일과 준비물 |
| | 오늘의 마무리 | 오늘의 배운 점, 운동 여부, 하루의 소감 |

# 열정은 성격이 아니다

열정은 돈과 같다. 돈이 그렇듯 열정은 있다가도 없고 없다가도 있다. 열심히 모으면 생기고 헤프게 쓰면 없어진다. 좋은 곳에 투자하면 쉽게 몸집을 불리며, 허튼 곳에 낭비하면 아무리 많은 양도 안개처럼 사라져버린다. 날 때부터 금수저처럼 성격적으로 열정이 많은 타입이 있는 반면, 끌어올리려고 안간힘을 써도 열정이 잘 안 생기는 성향도 있다. 그러나 타고난 성격과 무관하게 인간의 열정은 '행동함'에서 파생된다. 행동의 양을 늘리면 열정의 크기는 얼마든지 확장 가능하다. 행동력에 따라 열정의 규모가 좌우되고, 성취에 가속도가 붙는다. 성격 탓 하기 전에 과연 스스로 부지런히 행동했는지부터 묻자.

| Date | Category | Contents |
|---|---|---|
| Season 2<br>—<br>**Day 22**<br>월    일 | 오늘의 메시지 | 나 자신과의 목표와 약속 |
| | 오늘의 에너지 | 나를 살리는 힘이 되는 문장, 용기를 주는 구절, 짧은 감사일기 |
| | 오늘의 시너지 | 오늘 만나게 될 사람을 향한 감사와 기대하는 마음 |
| | NOT TO DO LIST | 오늘 반드시 하지 말아야 할 일 |
| | TO DO LIST | 오늘 해야 할 일과 준비물 |
| | 오늘의 마무리 | 오늘의 배운 점, 운동 여부, 하루의 소감 |

| Date | Category | Contents |
|---|---|---|
| Season 2<br>—<br>**Day 23**<br>월  일 | 오늘의 메시지 | 나 자신과의 목표와 약속 |
| | 오늘의 에너지 | 나를 살리는 힘이 되는 문장, 용기를 주는 구절, 짧은 감사일기 |
| | 오늘의 시너지 | 오늘 만나게 될 사람을 향한 감사와 기대하는 마음 |
| | NOT TO DO<br>LIST | 오늘 반드시 하지 말아야 할 일 |
| | TO DO LIST | 오늘 해야 할 일과 준비물 |
| | 오늘의 마무리 | 오늘의 배운 점, 운동 여부, 하루의 소감 |

| Date | Category | Contents |
|---|---|---|
| Season 2 — **Day 24** 월 일 | 오늘의 메시지 | 나 자신과의 목표와 약속 |
| | 오늘의 에너지 | 나를 살리는 힘이 되는 문장, 용기를 주는 구절, 짧은 감사일기 |
| | 오늘의 시너지 | 오늘 만나게 될 사람을 향한 감사와 기대하는 마음 |
| | NOT TO DO LIST | 오늘 반드시 하지 말아야 할 일 |
| | TO DO LIST | 오늘 해야 할 일과 준비물 |
| | 오늘의 마무리 | 오늘의 배운 점, 운동 여부, 하루의 소감 |

| Date | Category | Contents |
|---|---|---|
| Season 2<br><br>—<br><br>**Day 25**<br><br>월    일 | 오늘의 메시지 | 나 자신과의 목표와 약속 |
| | 오늘의 에너지 | 나를 살리는 힘이 되는 문장, 용기를 주는 구절, 짧은 감사일기 |
| | 오늘의 시너지 | 오늘 만나게 될 사람을 향한 감사와 기대하는 마음 |
| | NOT TO DO LIST | 오늘 반드시 하지 말아야 할 일 |
| | TO DO LIST | 오늘 해야 할 일과 준비물 |
| | 오늘의 마무리 | 오늘의 배운 점, 운동 여부, 하루의 소감 |

| Date | Category | Contents |
|---|---|---|
| Season 2 — **Day 26** 월 일 | 오늘의 메시지 | 나 자신과의 목표와 약속 |
| | 오늘의 에너지 | 나를 살리는 힘이 되는 문장, 용기를 주는 구절, 짧은 감사일기 |
| | 오늘의 시너지 | 오늘 만나게 될 사람을 향한 감사와 기대하는 마음 |
| | NOT TO DO LIST | 오늘 반드시 하지 말아야 할 일 |
| | TO DO LIST | 오늘 해야 할 일과 준비물 |
| | 오늘의 마무리 | 오늘의 배운 점, 운동 여부, 하루의 소감 |

| Date | Category | Contents |
|---|---|---|
| Season 2<br><br>—<br><br>**Day 27**<br><br>월      일 | 오늘의 메시지 | 나 자신과의 목표와 약속 |
| | 오늘의 에너지 | 나를 살리는 힘이 되는 문장. 용기를 주는 구절. 짧은 감사일기 |
| | 오늘의 시너지 | 오늘 만나게 될 사람을 향한 감사와 기대하는 마음 |
| | NOT TO DO LIST | 오늘 반드시 하지 말아야 할 일 |
| | TO DO LIST | 오늘 해야 할 일과 준비물 |
| | 오늘의 마무리 | 오늘의 배운 점. 운동 여부. 하루의 소감 |

| Date | Category | Contents |
|---|---|---|
| Season 2<br>—<br>**Day 28**<br>월   일 | 오늘의 메시지 | 나 자신과의 목표와 약속 |
| | 오늘의 에너지 | 나를 살리는 힘이 되는 문장, 용기를 주는 구절, 짧은 감사일기 |
| | 오늘의 시너지 | 오늘 만나게 될 사람을 향한 감사와 기대하는 마음 |
| | NOT TO DO<br>LIST | 오늘 반드시 하지 말아야 할 일 |
| | TO DO LIST | 오늘 해야 할 일과 준비물 |
| | 오늘의 마무리 | 오늘의 배운 점, 운동 여부, 하루의 소감 |

# 몸을 움직이면
# 마음도 움직인다

가만히 방구석에 앉아 있으면 있던 열정도 사라진다. 몸을 일으키고
이불을 박차고 옷 매무새를 다듬고 얼굴을 꾸미고 바깥으로 나와라.
우선 뛰어들어라. 우선 사랑하라. 그러면 내 속에 숨어 있던 꿈틀대
는 에너지와 열정이 하나둘 드러나기 시작한다. 돈이 생기면? 시간
이 나면? 시험이 끝나면? 코로나가 끝나면? 천만에. 지금 해야 한다.
미루었더니 때가 되어 저절로 되는 건 없다. 노력하지 않아도 이뤄
지는 건 나이 드는 것뿐이다. 지금 못하면 상황이 되어도 못한다. 열
정을 키우는 방법? 시작에 있다. 몸을 움직여 입을 열고 발을 떼어
관계를 맺어라. 생각이 의욕의 성냥불이라면, 행동은 석유를 뿌리는
것과 같다. 행동을 할 때 의욕의 크기는 거대하게 자라난다.

| Date | Category | Contents |
|---|---|---|
| Season 2<br><br>—<br><br>**Day 29**<br><br>월    일 | 오늘의 메시지 | 나 자신과의 목표와 약속 |
| | 오늘의 에너지 | 나를 살리는 힘이 되는 문장, 용기를 주는 구절, 짧은 감사일기 |
| | 오늘의 시너지 | 오늘 만나게 될 사람을 향한 감사와 기대하는 마음 |
| | NOT TO DO LIST | 오늘 반드시 하지 말아야 할 일 |
| | TO DO LIST | 오늘 해야 할 일과 준비물 |
| | 오늘의 마무리 | 오늘의 배운 점, 운동 여부, 하루의 소감 |

| Date | Category | Contents |
|---|---|---|
| **Season 2**<br><br>—<br><br>**Day 30**<br><br>월    일 | 오늘의 메시지 | 나 자신과의 목표와 약속 |
| | 오늘의 에너지 | 나를 살리는 힘이 되는 문장, 용기를 주는 구절, 짧은 감사일기 |
| | 오늘의 시너지 | 오늘 만나게 될 사람을 향한 감사와 기대하는 마음 |
| | NOT TO DO LIST | 오늘 반드시 하지 말아야 할 일 |
| | TO DO LIST | 오늘 해야 할 일과 준비물 |
| | 오늘의 마무리 | 오늘의 배운 점, 운동 여부, 하루의 소감 |

| Date | Category | Contents |
|---|---|---|
| Season 2<br><br>—<br><br>**Day 31**<br><br>월   일 | 오늘의 메시지 | 나 자신과의 목표와 약속 |
| | 오늘의 에너지 | 나를 살리는 힘이 되는 문장, 용기를 주는 구절, 짧은 감사일기 |
| | 오늘의 시너지 | 오늘 만나게 될 사람을 향한 감사와 기대하는 마음 |
| | NOT TO DO LIST | 오늘 반드시 하지 말아야 할 일 |
| | TO DO LIST | 오늘 해야 할 일과 준비물 |
| | 오늘의 마무리 | 오늘의 배운 점, 운동 여부, 하루의 소감 |

| Date | Category | Contents |
|---|---|---|
| Season 2 — **Day 32** 월 일 | 오늘의 메시지 | 나 자신과의 목표와 약속 |
| | 오늘의 에너지 | 나를 살리는 힘이 되는 문장, 용기를 주는 구절, 짧은 감사일기 |
| | 오늘의 시너지 | 오늘 만나게 될 사람을 향한 감사와 기대하는 마음 |
| | NOT TO DO LIST | 오늘 반드시 하지 말아야 할 일 |
| | TO DO LIST | 오늘 해야 할 일과 준비물 |
| | 오늘의 마무리 | 오늘의 배운 점, 운동 여부, 하루의 소감 |

| Date | Category | Contents |
|---|---|---|
| Season 2<br><br>—<br><br>**Day 33**<br><br>월    일 | 오늘의 메시지 | 나 자신과의 목표와 약속 |
| | 오늘의 에너지 | 나를 살리는 힘이 되는 문장, 용기를 주는 구절, 짧은 감사일기 |
| | 오늘의 시너지 | 오늘 만나게 될 사람을 향한 감사와 기대하는 마음 |
| | NOT TO DO<br>LIST | 오늘 반드시 하지 말아야 할 일 |
| | TO DO LIST | 오늘 해야 할 일과 준비물 |
| | 오늘의 마무리 | 오늘의 배운 점, 운동 여부, 하루의 소감 |

| Date | Category | Contents |
|---|---|---|
| Season 2<br><br>—<br><br>**Day 34**<br><br>월 일 | 오늘의 메시지 | 나 자신과의 목표와 약속 |
| | 오늘의 에너지 | 나를 살리는 힘이 되는 문장, 용기를 주는 구절, 짧은 감사일기 |
| | 오늘의 시너지 | 오늘 만나게 될 사람을 향한 감사와 기대하는 마음 |
| | NOT TO DO<br>LIST | 오늘 반드시 하지 말아야 할 일 |
| | TO DO LIST | 오늘 해야 할 일과 준비물 |
| | 오늘의 마무리 | 오늘의 배운 점, 운동 여부, 하루의 소감 |

| Date | Category | Contents |
|---|---|---|
| Season 2<br><br>—<br><br>**Day 35**<br><br>월    일 | 오늘의 메시지 | 나 자신과의 목표와 약속 |
| | 오늘의 에너지 | 나를 살리는 힘이 되는 문장, 용기를 주는 구절, 짧은 감사일기 |
| | 오늘의 시너지 | 오늘 만나게 될 사람을 향한 감사와 기대하는 마음 |
| | NOT TO DO LIST | 오늘 반드시 하지 말아야 할 일 |
| | TO DO LIST | 오늘 해야 할 일과 준비물 |
| | 오늘의 마무리 | 오늘의 배운 점, 운동 여부, 하루의 소감 |

# 데드라인은
# 스릴 있고 긴박하게

긴박한 상황에서 오히려 일에 집중이 잘 되는 이유는 데드라인이 확실하기 때문이다. 시간이 부족하면 초월적인 집중력이 나온다. 시간이 많으면 뭐부터 하면 좋을지 갈피를 못 잡는다. 한없이 늘어지는 것을 경계하라. 평생의 점진적 성장도 눈에 띄는 자잘한 도약이 수직으로 쌓일 때 완성된다. 목표 달성까지 남은 시간이 한정 없이 길면, 집중력은 분산되고 수시로 방해물이 튀어나오며 당장 시급한 일과 목표를 헷갈려 우선순위가 엉망이 되기 시작한다. 목표의 데드라인은 타이트하게 잡는 습관을 가져라. 눈에 보이는 결과를 위해서는 반드시 집중된 시간의 밀도 있는 압축이 필요하다.

| Date | Category | Contents |
|---|---|---|
| Season 2 — **Day 36** 월    일 | 오늘의 메시지 | 나 자신과의 목표와 약속 |
| | 오늘의 에너지 | 나를 살리는 힘이 되는 문장. 용기를 주는 구절. 짧은 감사일기 |
| | 오늘의 시너지 | 오늘 만나게 될 사람을 향한 감사와 기대하는 마음 |
| | NOT TO DO LIST | 오늘 반드시 하지 말아야 할 일 |
| | TO DO LIST | 오늘 해야 할 일과 준비물 |
| | 오늘의 마무리 | 오늘의 배운 점. 운동 여부. 하루의 소감 |

| Date | Category | Contents |
|---|---|---|
| Season 2 — **Day 37** 월 일 | 오늘의 메시지 | 나 자신과의 목표와 약속 |
| | 오늘의 에너지 | 나를 살리는 힘이 되는 문장, 용기를 주는 구절, 짧은 감사일기 |
| | 오늘의 시너지 | 오늘 만나게 될 사람을 향한 감사와 기대하는 마음 |
| | NOT TO DO LIST | 오늘 반드시 하지 말아야 할 일 |
| | TO DO LIST | 오늘 해야 할 일과 준비물 |
| | 오늘의 마무리 | 오늘의 배운 점, 운동 여부, 하루의 소감 |

| Date | Category | Contents |
|---|---|---|
| Season 2 — **Day 38** 월 일 | 오늘의 메시지 | 나 자신과의 목표와 약속 |
| | 오늘의 에너지 | 나를 살리는 힘이 되는 문장, 용기를 주는 구절, 짧은 감사일기 |
| | 오늘의 시너지 | 오늘 만나게 될 사람을 향한 감사와 기대하는 마음 |
| | NOT TO DO LIST | 오늘 반드시 하지 말아야 할 일 |
| | TO DO LIST | 오늘 해야 할 일과 준비물 |
| | 오늘의 마무리 | 오늘의 배운 점, 운동 여부, 하루의 소감 |

| Date | Category | Contents |
|---|---|---|
| Season 2<br>—<br>**Day 39**<br>월　일 | 오늘의 메시지 | 나 자신과의 목표와 약속 |
| | 오늘의 에너지 | 나를 살리는 힘이 되는 문장, 용기를 주는 구절, 짧은 감사일기 |
| | 오늘의 시너지 | 오늘 만나게 될 사람을 향한 감사와 기대하는 마음 |
| | NOT TO DO<br>LIST | 오늘 반드시 하지 말아야 할 일 |
| | TO DO LIST | 오늘 해야 할 일과 준비물 |
| | 오늘의 마무리 | 오늘의 배운 점, 운동 여부, 하루의 소감 |

| Date | Category | Contents |
|---|---|---|
| **Season 2**<br><br>—<br><br>**Day 40**<br><br>월    일 | 오늘의 메시지 | 나 자신과의 목표와 약속 |
| | 오늘의 에너지 | 나를 살리는 힘이 되는 문장, 용기를 주는 구절, 짧은 감사일기 |
| | 오늘의 시너지 | 오늘 만나게 될 사람을 향한 감사와 기대하는 마음 |
| | NOT TO DO LIST | 오늘 반드시 하지 말아야 할 일 |
| | TO DO LIST | 오늘 해야 할 일과 준비물 |
| | 오늘의 마무리 | 오늘의 배운 점, 운동 여부, 하루의 소감 |

| Date | Category | Contents |
|---|---|---|
| Season 2<br>—<br>**Day 41**<br>월    일 | 오늘의 메시지 | 나 자신과의 목표와 약속 |
| | 오늘의 에너지 | 나를 살리는 힘이 되는 문장, 용기를 주는 구절, 짧은 감사일기 |
| | 오늘의 시너지 | 오늘 만나게 될 사람을 향한 감사와 기대하는 마음 |
| | NOT TO DO<br>LIST | 오늘 반드시 하지 말아야 할 일 |
| | TO DO LIST | 오늘 해야 할 일과 준비물 |
| | 오늘의 마무리 | 오늘의 배운 점, 운동 여부, 하루의 소감 |

| Date | Category | Contents |
|---|---|---|
| Season 2 — Day 42 월 일 | 오늘의 메시지 | 나 자신과의 목표와 약속 |
| | 오늘의 에너지 | 나를 살리는 힘이 되는 문장, 용기를 주는 구절, 짧은 감사일기 |
| | 오늘의 시너지 | 오늘 만나게 될 사람을 향한 감사와 기대하는 마음 |
| | NOT TO DO LIST | 오늘 반드시 하지 말아야 할 일 |
| | TO DO LIST | 오늘 해야 할 일과 준비물 |
| | 오늘의 마무리 | 오늘의 배운 점, 운동 여부, 하루의 소감 |

# 물질보다
# 더 큰 최고의 선물

주는 자가 세상을 움직인다. 가진 게 없어서 줄 것이 없는가? 그렇다면 오늘 나는 누군가의 삶에 터닝 포인트가 될 선물을 주겠노라고 선포하자. 배려의 선물, 친절의 선물, 사랑의 선물, 격려의 선물말이다. 볼 수도 만질 수도 없지만 삶에 따뜻한 불을 지펴줄 수 있는 최고의 선물이다. 한 사람의 마음을 움직이는 것은 어린 시절 누군가의 진정 어린 격려와 응원일 수도 있다. 한 아이의 자신감을 끌어내는 것은 선생님의 확고한 진심이 담긴 칭찬일 수 있다. 한 인물의 성공을 견인하는 것은 한결같이 곁에 있어준 배우자의 사랑의기도일 수 있다. 축복을 당기는 언어, 잠재력을 꺼내는 언어, 내 입술의 마법이 나와 주변을 변화시킨다.

| Date | Category | Contents |
|---|---|---|
| Season 2 — **Day 43** 월    일 | 오늘의 메시지 | 나 자신과의 목표와 약속 |
| | 오늘의 에너지 | 나를 살리는 힘이 되는 문장, 용기를 주는 구절, 짧은 감사일기 |
| | 오늘의 시너지 | 오늘 만나게 될 사람을 향한 감사와 기대하는 마음 |
| | NOT TO DO LIST | 오늘 반드시 하지 말아야 할 일 |
| | TO DO LIST | 오늘 해야 할 일과 준비물 |
| | 오늘의 마무리 | 오늘의 배운 점, 운동 여부, 하루의 소감 |

| Date | Category | Contents |
|---|---|---|
| Season 2<br>—<br>**Day 44**<br>월    일 | 오늘의 메시지 | 나 자신과의 목표와 약속 |
| | 오늘의 에너지 | 나를 살리는 힘이 되는 문장, 용기를 주는 구절, 짧은 감사일기 |
| | 오늘의 시너지 | 오늘 만나게 될 사람을 향한 감사와 기대하는 마음 |
| | NOT TO DO LIST | 오늘 반드시 하지 말아야 할 일 |
| | TO DO LIST | 오늘 해야 할 일과 준비물 |
| | 오늘의 마무리 | 오늘의 배운 점, 운동 여부, 하루의 소감 |

| Date | Category | Contents |
|---|---|---|
| Season 2<br>—<br>**Day 45**<br>월    일 | 오늘의 메시지 | 나 자신과의 목표와 약속 |
| | 오늘의 에너지 | 나를 살리는 힘이 되는 문장, 용기를 주는 구절, 짧은 감사일기 |
| | 오늘의 시너지 | 오늘 만나게 될 사람을 향한 감사와 기대하는 마음 |
| | NOT TO DO<br>LIST | 오늘 반드시 하지 말아야 할 일 |
| | TO DO LIST | 오늘 해야 할 일과 준비물 |
| | 오늘의 마무리 | 오늘의 배운 점, 운동 여부, 하루의 소감 |

| Date | Category | Contents |
|---|---|---|
| Season 2<br><br>—<br><br>**Day 46**<br><br>월    일 | 오늘의 메시지 | 나 자신과의 목표와 약속 |
| | 오늘의 에너지 | 나를 살리는 힘이 되는 문장, 용기를 주는 구절, 짧은 감사일기 |
| | 오늘의 시너지 | 오늘 만나게 될 사람을 향한 감사와 기대하는 마음 |
| | NOT TO DO<br>LIST | 오늘 반드시 하지 말아야 할 일 |
| | TO DO LIST | 오늘 해야 할 일과 준비물 |
| | 오늘의 마무리 | 오늘의 배운 점, 운동 여부, 하루의 소감 |

| Date | Category | Contents |
|---|---|---|
| Season 2<br>—<br>**Day 47**<br>월    일 | 오늘의 메시지 | 나 자신과의 목표와 약속 |
| | 오늘의 에너지 | 나를 살리는 힘이 되는 문장, 용기를 주는 구절, 짧은 감사일기 |
| | 오늘의 시너지 | 오늘 만나게 될 사람을 향한 감사와 기대하는 마음 |
| | NOT TO DO LIST | 오늘 반드시 하지 말아야 할 일 |
| | TO DO LIST | 오늘 해야 할 일과 준비물 |
| | 오늘의 마무리 | 오늘의 배운 점, 운동 여부, 하루의 소감 |

| Date | Category | Contents |
|---|---|---|
| Season 2<br>—<br>**Day 48**<br>월    일 | 오늘의 메시지 | 나 자신과의 목표와 약속 |
| | 오늘의 에너지 | 나를 살리는 힘이 되는 문장, 용기를 주는 구절, 짧은 감사일기 |
| | 오늘의 시너지 | 오늘 만나게 될 사람을 향한 감사와 기대하는 마음 |
| | NOT TO DO<br>LIST | 오늘 반드시 하지 말아야 할 일 |
| | TO DO LIST | 오늘 해야 할 일과 준비물 |
| | 오늘의 마무리 | 오늘의 배운 점, 운동 여부, 하루의 소감 |

| Date | Category | Contents |
|---|---|---|
| Season 2 — **Day 49** 월 일 | 오늘의 메시지 | 나 자신과의 목표와 약속 |
| | 오늘의 에너지 | 나를 살리는 힘이 되는 문장, 용기를 주는 구절, 짧은 감사일기 |
| | 오늘의 시너지 | 오늘 만나게 될 사람을 향한 감사와 기대하는 마음 |
| | NOT TO DO LIST | 오늘 반드시 하지 말아야 할 일 |
| | TO DO LIST | 오늘 해야 할 일과 준비물 |
| | 오늘의 마무리 | 오늘의 배운 점, 운동 여부, 하루의 소감 |

# 개인은 팀을 이기지 못한다

실패하는 사람은 협력하는 능력이 부족하다. 그들은 타인이 성에 차지 않는다. 소탐대실 한다. 내 몫을 챙기고, 내 마음에 들게 하려다 팀워크는 뒷전이 된다. 내 울타리가 전부인 듯, 내가 아는 정보와 사람들이 최고인 듯 행동하면 새로운 단계로 도약할 수 없다. 성장의 발판은 도전과 연관된 여러 이해 관계자들과 힘을 합쳤을 때 생기는 것이지, 혼자 고군분투한다고 완성되는 게 아니다. 우리는 도움을 주고 도움을 받아야만 하는 사회적 존재다. 모든 성공은 반드시 그걸 가능케 한 수많은 사람들의 팀워크에 의해 이뤄진다. 작은 물방울이 모여 강을 이루듯, 성공하는 사람들은 협력하여 선을 이루는 큰 그림을 보고 도전한다.

| Date | Category | Contents |
|---|---|---|
| Season 2<br>—<br>**Day 50**<br>월　일 | 오늘의 메시지 | 나 자신과의 목표와 약속 |
| | 오늘의 에너지 | 나를 살리는 힘이 되는 문장. 용기를 주는 구절. 짧은 감사일기 |
| | 오늘의 시너지 | 오늘 만나게 될 사람을 향한 감사와 기대하는 마음 |
| | NOT TO DO<br>LIST | 오늘 반드시 하지 말아야 할 일 |
| | TO DO LIST | 오늘 해야 할 일과 준비물 |
| | 오늘의 마무리 | 오늘의 배운 점. 운동 여부. 하루의 소감 |

| Date | Category | Contents |
|---|---|---|
| Season 2 — **Day 51** 월 일 | 오늘의 메시지 | 나 자신과의 목표와 약속 |
| | 오늘의 에너지 | 나를 살리는 힘이 되는 문장, 용기를 주는 구절, 짧은 감사일기 |
| | 오늘의 시너지 | 오늘 만나게 될 사람을 향한 감사와 기대하는 마음 |
| | NOT TO DO LIST | 오늘 반드시 하지 말아야 할 일 |
| | TO DO LIST | 오늘 해야 할 일과 준비물 |
| | 오늘의 마무리 | 오늘의 배운 점, 운동 여부, 하루의 소감 |

| Date | Category | Contents |
|---|---|---|
| Season 2 — **Day 52** 월 일 | 오늘의 메시지 | 나 자신과의 목표와 약속 |
| | 오늘의 에너지 | 나를 살리는 힘이 되는 문장, 용기를 주는 구절, 짧은 감사일기 |
| | 오늘의 시너지 | 오늘 만나게 될 사람을 향한 감사와 기대하는 마음 |
| | NOT TO DO LIST | 오늘 반드시 하지 말아야 할 일 |
| | TO DO LIST | 오늘 해야 할 일과 준비물 |
| | 오늘의 마무리 | 오늘의 배운 점, 운동 여부, 하루의 소감 |

| Date | Category | Contents |
|---|---|---|
| **Season 2** — **Day 53** 월   일 | 오늘의 메시지 | 나 자신과의 목표와 약속 |
| | 오늘의 에너지 | 나를 살리는 힘이 되는 문장, 용기를 주는 구절, 짧은 감사일기 |
| | 오늘의 시너지 | 오늘 만나게 될 사람을 향한 감사와 기대하는 마음 |
| | NOT TO DO LIST | 오늘 반드시 하지 말아야 할 일 |
| | TO DO LIST | 오늘 해야 할 일과 준비물 |
| | 오늘의 마무리 | 오늘의 배운 점, 운동 여부, 하루의 소감 |

| Date | Category | Contents |
|---|---|---|
| Season 2 — **Day 54** 월    일 | 오늘의 메시지 | 나 자신과의 목표와 약속 |
| | 오늘의 에너지 | 나를 살리는 힘이 되는 문장, 용기를 주는 구절, 짧은 감사일기 |
| | 오늘의 시너지 | 오늘 만나게 될 사람을 향한 감사와 기대하는 마음 |
| | NOT TO DO LIST | 오늘 반드시 하지 말아야 할 일 |
| | TO DO LIST | 오늘 해야 할 일과 준비물 |
| | 오늘의 마무리 | 오늘의 배운 점, 운동 여부, 하루의 소감 |

| Date | Category | Contents |
|---|---|---|
| Season 2<br>—<br>**Day 55**<br>월   일 | 오늘의 메시지 | 나 자신과의 목표와 약속 |
| | 오늘의 에너지 | 나를 살리는 힘이 되는 문장, 용기를 주는 구절, 짧은 감사일기 |
| | 오늘의 시너지 | 오늘 만나게 될 사람을 향한 감사와 기대하는 마음 |
| | NOT TO DO LIST | 오늘 반드시 하지 말아야 할 일 |
| | TO DO LIST | 오늘 해야 할 일과 준비물 |
| | 오늘의 마무리 | 오늘의 배운 점, 운동 여부, 하루의 소감 |

| Date | Category | Contents |
|---|---|---|
| Season 2<br><br>—<br><br>**Day 56**<br><br>월   일 | 오늘의 메시지 | 나 자신과의 목표와 약속 |
| | 오늘의 에너지 | 나를 살리는 힘이 되는 문장, 용기를 주는 구절, 짧은 감사일기 |
| | 오늘의 시너지 | 오늘 만나게 될 사람을 향한 감사와 기대하는 마음 |
| | NOT TO DO LIST | 오늘 반드시 하지 말아야 할 일 |
| | TO DO LIST | 오늘 해야 할 일과 준비물 |
| | 오늘의 마무리 | 오늘의 배운 점, 운동 여부, 하루의 소감 |

# 새로움은 종종
# 해결책이 되기도 한다

오늘 하루의 작은 터닝 포인트는, 매일 하던 습관을 털고 새로움을 선택해보는 것이다. 가던 길, 먹던 음식, 하루 일과를 조금씩 흐트러 뜨려 보는 것. 그 안에서 새로움을 발견한다. 그 새로움은 내가 그토록 궁리하고 고민하던 문제의 실마리가 될지도 모른다.

| Date | Category | Contents |
|---|---|---|
| Season 2 — **Day 57** 월 일 | 오늘의 메시지 | 나 자신과의 목표와 약속 |
| | 오늘의 에너지 | 나를 살리는 힘이 되는 문장, 용기를 주는 구절, 짧은 감사일기 |
| | 오늘의 시너지 | 오늘 만나게 될 사람을 향한 감사와 기대하는 마음 |
| | NOT TO DO LIST | 오늘 반드시 하지 말아야 할 일 |
| | TO DO LIST | 오늘 해야 할 일과 준비물 |
| | 오늘의 마무리 | 오늘의 배운 점, 운동 여부, 하루의 소감 |

| Date | Category | Contents |
|---|---|---|
| Season 2 — **Day 58** 월 일 | 오늘의 메시지 | 나 자신과의 목표와 약속 |
| | 오늘의 에너지 | 나를 살리는 힘이 되는 문장, 용기를 주는 구절, 짧은 감사일기 |
| | 오늘의 시너지 | 오늘 만나게 될 사람을 향한 감사와 기대하는 마음 |
| | NOT TO DO LIST | 오늘 반드시 하지 말아야 할 일 |
| | TO DO LIST | 오늘 해야 할 일과 준비물 |
| | 오늘의 마무리 | 오늘의 배운 점, 운동 여부, 하루의 소감 |

| Date | Category | Contents |
|---|---|---|
| Season 2<br>—<br>**Day 59**<br>월 일 | 오늘의 메시지 | 나 자신과의 목표와 약속 |
| | 오늘의 에너지 | 나를 살리는 힘이 되는 문장, 용기를 주는 구절, 짧은 감사일기 |
| | 오늘의 시너지 | 오늘 만나게 될 사람을 향한 감사와 기대하는 마음 |
| | NOT TO DO LIST | 오늘 반드시 하지 말아야 할 일 |
| | TO DO LIST | 오늘 해야 할 일과 준비물 |
| | 오늘의 마무리 | 오늘의 배운 점, 운동 여부, 하루의 소감 |

| Date | Category | Contents |
|---|---|---|
| Season 2<br>—<br>**Day 60**<br>월  일 | 오늘의 메시지 | 나 자신과의 목표와 약속 |
| | 오늘의 에너지 | 나를 살리는 힘이 되는 문장, 용기를 주는 구절, 짧은 감사일기 |
| | 오늘의 시너지 | 오늘 만나게 될 사람을 향한 감사와 기대하는 마음 |
| | NOT TO DO<br>LIST | 오늘 반드시 하지 말아야 할 일 |
| | TO DO LIST | 오늘 해야 할 일과 준비물 |
| | 오늘의 마무리 | 오늘의 배운 점, 운동 여부, 하루의 소감 |

| Date | Category | Contents |
|---|---|---|
| Season 2 — **Day 61** 월    일 | 오늘의 메시지 | 나 자신과의 목표와 약속 |
| | 오늘의 에너지 | 나를 살리는 힘이 되는 문장, 용기를 주는 구절, 짧은 감사일기 |
| | 오늘의 시너지 | 오늘 만나게 될 사람을 향한 감사와 기대하는 마음 |
| | NOT TO DO LIST | 오늘 반드시 하지 말아야 할 일 |
| | TO DO LIST | 오늘 해야 할 일과 준비물 |
| | 오늘의 마무리 | 오늘의 배운 점, 운동 여부, 하루의 소감 |

| Date | Category | Contents |
|------|----------|----------|
| Season 2 — **Day 62** 월   일 | 오늘의 메시지 | 나 자신과의 목표와 약속 |
| | 오늘의 에너지 | 나를 살리는 힘이 되는 문장, 용기를 주는 구절, 짧은 감사일기 |
| | 오늘의 시너지 | 오늘 만나게 될 사람을 향한 감사와 기대하는 마음 |
| | NOT TO DO LIST | 오늘 반드시 하지 말아아 할 일 |
| | TO DO LIST | 오늘 해야 할 일과 준비물 |
| | 오늘의 마무리 | 오늘의 배운 점, 운동 여부, 하루의 소감 |

| Date | Category | Contents |
|------|----------|----------|
| Season 2<br><br>—<br><br>**Day 63**<br><br>월   일 | 오늘의 메시지 | 나 자신과의 목표와 약속 |
| | 오늘의 에너지 | 나를 살리는 힘이 되는 문장, 용기를 주는 구절, 짧은 감사일기 |
| | 오늘의 시너지 | 오늘 만나게 될 사람을 향한 감사와 기대하는 마음 |
| | NOT TO DO LIST | 오늘 반드시 하지 말아야 할 일 |
| | TO DO LIST | 오늘 해야 할 일과 준비물 |
| | 오늘의 마무리 | 오늘의 배운 점, 운동 여부, 하루의 소감 |

# 변화는 지금 여기 내면에서부터

내가 새로운 곳으로 간다면 바뀔까? 내 습관과 천성이? 천만에! 지금이 변화할 수 있는 최고의 적기다! 나의 사고방식과 습관, 그것은 내가 우주로 이사를 가도 갖고 갈 수밖에 없다. 오랜 시간 내 몸에서 묵혀지고 굳어졌기 때문이다. 변화의지는 오직 내 안에서 나온다. 물론 물리적 환경을 바꾸는 것은 도움이 되지만, 물리적 환경이 안 바뀐다고 해서 변화가 어려운 건 아니다. 오늘부터 당장 적어라. 내가 맞서 싸워야 할 지독한 내 예전 모습을 벗어 던지고, 완전히 새로운 내 모습을 생생히 묘사하라. 적는 대로 이뤄질 것이고 생각대로 만들어질 것이다.

| Date | Category | Contents |
|---|---|---|
| Season 2<br><br>—<br><br>**Day 64**<br><br>월    일 | 오늘의 메시지 | 나 자신과의 목표와 약속 |
| | 오늘의 에너지 | 나를 살리는 힘이 되는 문장, 용기를 주는 구절, 짧은 감사일기 |
| | 오늘의 시너지 | 오늘 만나게 될 사람을 향한 감사와 기대하는 마음 |
| | NOT TO DO LIST | 오늘 반드시 하지 말아야 할 일 |
| | TO DO LIST | 오늘 해야 할 일과 준비물 |
| | 오늘의 마무리 | 오늘의 배운 점, 운동 여부, 하루의 소감 |

| Date | Category | Contents |
|---|---|---|
| Season 2 — **Day 65** 월 일 | 오늘의 메시지 | 나 자신과의 목표와 약속 |
| | 오늘의 에너지 | 나를 살리는 힘이 되는 문장, 용기를 주는 구절, 짧은 감사일기 |
| | 오늘의 시너지 | 오늘 만나게 될 사람을 향한 감사와 기대하는 마음 |
| | NOT TO DO LIST | 오늘 반드시 하지 말아야 할 일 |
| | TO DO LIST | 오늘 해야 할 일과 준비물 |
| | 오늘의 마무리 | 오늘의 배운 점, 운동 여부, 하루의 소감 |

| Date | Category | Contents |
|---|---|---|
| Season 2<br><br>—<br><br>**Day 66**<br><br>월    일 | 오늘의 메시지 | 나 자신과의 목표와 약속 |
| | 오늘의 에너지 | 나를 살리는 힘이 되는 문장, 용기를 주는 구절, 짧은 감사일기 |
| | 오늘의 시너지 | 오늘 만나게 될 사람을 향한 감사와 기대하는 마음 |
| | NOT TO DO LIST | 오늘 반드시 하지 말아야 할 일 |
| | TO DO LIST | 오늘 해야 할 일과 준비물 |
| | 오늘의 마무리 | 오늘의 배운 점, 운동 여부, 하루의 소감 |

| Date | Category | Contents |
|---|---|---|
| Season 2<br>—<br>**Day 67**<br>월    일 | 오늘의 메시지 | 나 자신과의 목표와 약속 |
| | 오늘의 에너지 | 나를 살리는 힘이 되는 문장, 용기를 주는 구절, 짧은 감사일기 |
| | 오늘의 시너지 | 오늘 만나게 될 사람을 향한 감사와 기대하는 마음 |
| | NOT TO DO<br>LIST | 오늘 반드시 하지 말아야 할 일 |
| | TO DO LIST | 오늘 해야 할 일과 준비물 |
| | 오늘의 마무리 | 오늘의 배운 점, 운동 여부, 하루의 소감 |

| Date | Category | Contents |
|---|---|---|
| Season 2 <br><br> — <br><br> **Day 68** <br><br> 월    일 | 오늘의 메시지 | 나 자신과의 목표와 약속 |
| | 오늘의 에너지 | 나를 살리는 힘이 되는 문장, 용기를 주는 구절, 짧은 감사일기 |
| | 오늘의 시너지 | 오늘 만나게 될 사람을 향한 감사와 기대하는 마음 |
| | NOT TO DO LIST | 오늘 반드시 하지 말아야 할 일 |
| | TO DO LIST | 오늘 해야 할 일과 준비물 |
| | 오늘의 마무리 | 오늘의 배운 점, 운동 여부, 하루의 소감 |

| Date | Category | Contents |
|---|---|---|
| Season 2<br>—<br>**Day 69**<br>월　　일 | 오늘의 메시지 | 나 자신과의 목표와 약속 |
| | 오늘의 에너지 | 나를 살리는 힘이 되는 문장, 용기를 주는 구절, 짧은 감사일기 |
| | 오늘의 시너지 | 오늘 만나게 될 사람을 향한 감사와 기대하는 마음 |
| | NOT TO DO<br>LIST | 오늘 반드시 하지 말아야 할 일 |
| | TO DO LIST | 오늘 해야 할 일과 준비물 |
| | 오늘의 마무리 | 오늘의 배운 점, 운동 여부, 하루의 소감 |

| Date | Category | Contents |
|---|---|---|
| Season 2 — **Day 70** 월 일 | 오늘의 메시지 | 나 자신과의 목표와 약속 |
| | 오늘의 에너지 | 나를 살리는 힘이 되는 문장, 용기를 주는 구절, 짧은 감사일기 |
| | 오늘의 시너지 | 오늘 만나게 될 사람을 향한 감사와 기대하는 마음 |
| | NOT TO DO LIST | 오늘 반드시 하지 말아야 할 일 |
| | TO DO LIST | 오늘 해야 할 일과 준비물 |
| | 오늘의 마무리 | 오늘의 배운 점, 운동 여부, 하루의 소감 |

# 시간의 레버리지

오늘이라는 시간은 매일 공평하게 주어지기에, 충분히 효율적으로 쓰지 않으면 낭비된다. 시간은 보관할 수도, 사고팔 수도 없다. 그러나 시간은 투자될 수 있다. 시간을 목표에 투자하면 또 다른 시간을 벌 수 있다. 투자된 시간이 성장과 성취라는 결과물을 가져오면, 우리는 하루 24시간을 48시간, 72시간으로 늘려 쓸 수 있는 시간부자가 된다. 시간을 어디에 쓰는지에 따라 수입이 달라지고, 그 수입으로 또 다른 시간을 살 수도 있다. 오늘 하루 24시간은 다시 오지 않을 과거로 묻히고 있는가, 아니면 미래에 만나게 될 충분한 시간을 벌어오고 있는가.

# SEASON 3

세 번째 70일

## 습관을 만드는 시간

삶은 누적이다. 점진적으로 차곡차곡 쌓여 크게 터진다.
성과를 내거나, 가난해지거나, 인연을 만나거나, 병에 걸리거나,
명성을 얻거나, 절교를 하거나, 모든 것은 무언가 축적된 결과다.
나는 현재 무엇을 얻고 있거나, 무엇을 잃고 있다.
삶에서 정지 혹은 유지란 없다.

# 무의식의 숲 가꾸기

우리가 하루에 하는 수만 가지 생각들은 거의 대부분 부정적이다. 부정적인 생각을 지속하다 보면 나도 모르게 삶은 '안 되는 방향'으로 흘러간다. 무의식에 부정이 점차 깔리기 때문이다. 부정을 긍정으로 리셋하는 것은 무척 오랜 시간이 걸린다. 이미 무의식에 부정이 울창하게 피어났기 때문에 그것을 다 거두고 정리하는 데에는 혁신과도 가까운 자극과 노력이 필요하다. 어린 시절에 귀에 어떤 문장과 단어를 자꾸 들려주는지가 중요한 이유도 이것과 같다. 사람들은 반복적인 생각과 말이 지금의 나를 만들었음을 결코 인지하지도 인정하지도 않는다. 무의식을 훈련하자. 생각을 훈련하는 것이다. 생각을 단련하는 것은 체력을 키우는 것과 같다. 번갯불에 콩

볶아 먹듯 하루아침에 되는 일이 아니다. 최소한 70일은 생각을 훈련하자. 결코 부정은 내뱉지도, 떠올리지도 않는 훈련. 감사일기를 쓰고, 잘 된다 고맙다 사랑한다는 말을 자주 쓰는 훈련 말이다. 생각을 청소하는 것은 오래 걸리는 작업이지만, 분명히 해낼 가치가 있다. 매일 반복하는 아주 잠깐의 훈련만으로 남은 인생이 자동적으로 '원했던 바대로' 흘러가도록 프로그래밍 할 수 있다.

# 작고 사소한
# 성공을 쌓으라

성공은 강도가 아니라 빈도다. 바람이 거세게 입김을 분다고 지나가는 행인이 옷을 벗던가. 뜨거운 태양이 싱글벙글 얼굴을 비출 때 행인은 스스로 옷을 벗는다. 한 번의 강력한 바람보다 알 듯 말 듯 잔잔한 햇살이 서서히 변화를 가져왔다. 지속적인 빈도로 작은 실패의 탑을 쌓아 올리면 결코 무너지지 않는다. 큰 목표 앞에 있어야 할 것은 작은 실천들의 모음이다. 팝콘은 처음부터 터지지 않는다. 서서히 가열되어 일정 시점에 도달했을 때 뻥뻥 터져 하얗고 풍성한 꽃을 피운다. 한 번에 대박 나길 바라는 것은 쉽게 가고 싶은 과도한 욕심이며 공짜를 바라는 가난한 마인드라는 것을 잊지 말자. 그런 태도로는 들어온 성공도 금세 내보내버린다.

| Date | Category | Contents |
|---|---|---|
| Season 3<br><br>—<br><br>**Day 1**<br><br>월    일 | 오늘의 메시지 | 나 자신과의 목표와 약속 |
| | 오늘의 에너지 | 나를 살리는 힘이 되는 문장, 용기를 주는 구절, 짧은 감사일기 |
| | 오늘의 시너지 | 오늘 만나게 될 사람을 향한 감사와 기대하는 마음<br><br>. |
| | NOT TO DO LIST | 오늘 반드시 하지 말아야 할 일 |
| | TO DO LIST | 오늘 해야 할 일과 준비물 |
| | 오늘의 마무리 | 오늘의 배운 점, 운동 여부, 하루의 소감 |

| Date | Category | Contents |
|---|---|---|
| Season 3 — **Day 2** 월   일 | 오늘의 메시지 | 나 자신과의 목표와 약속 |
| | 오늘의 에너지 | 나를 살리는 힘이 되는 문장, 용기를 주는 구절, 짧은 감사일기 |
| | 오늘의 시너지 | 오늘 만나게 될 사람을 향한 감사와 기대하는 마음 |
| | NOT TO DO LIST | 오늘 반드시 하지 말아야 할 일 |
| | TO DO LIST | 오늘 해야 할 일과 준비물 |
| | 오늘의 마무리 | 오늘의 배운 점, 운동 여부, 하루의 소감 |

| Date | Category | Contents |
|---|---|---|
| Season 3 — Day 3 월 일 | 오늘의 메시지 | 나 자신과의 목표와 약속 |
| | 오늘의 에너지 | 나를 살리는 힘이 되는 문장, 용기를 주는 구절, 짧은 감사일기 |
| | 오늘의 시너지 | 오늘 만나게 될 사람을 향한 감사와 기대하는 마음 |
| | NOT TO DO LIST | 오늘 반드시 하지 말아야 할 일 |
| | TO DO LIST | 오늘 해야 할 일과 준비물 |
| | 오늘의 마무리 | 오늘의 배운 점, 운동 여부, 하루의 소감 |

| Date | Category | Contents |
|---|---|---|
| Season 3<br><br>—<br><br>**Day 4**<br><br>월    일 | 오늘의 메시지 | 나 자신과의 목표와 약속 |
| | 오늘의 에너지 | 나를 살리는 힘이 되는 문장, 용기를 주는 구절, 짧은 감사일기 |
| | 오늘의 시너지 | 오늘 만나게 될 사람을 향한 감사와 기대하는 마음 |
| | NOT TO DO LIST | 오늘 반드시 하지 말아야 할 일 |
| | TO DO LIST | 오늘 해야 할 일과 준비물 |
| | 오늘의 마무리 | 오늘의 배운 점, 운동 여부, 하루의 소감 |

| Date | Category | Contents |
|---|---|---|
| Season 3<br>—<br>Day 5<br><br>월    일 | 오늘의 메시지 | 나 자신과의 목표와 약속 |
| | 오늘의 에너지 | 나를 살리는 힘이 되는 문장, 용기를 주는 구절, 짧은 감사일기 |
| | 오늘의 시너지 | 오늘 만나게 될 사람을 향한 감사와 기대하는 마음 |
| | NOT TO DO LIST | 오늘 반드시 하지 말아야 할 일 |
| | TO DO LIST | 오늘 해야 할 일과 준비물 |
| | 오늘의 마무리 | 오늘의 배운 점, 운동 여부, 하루의 소감 |

| Date | Category | Contents |
|---|---|---|
| Season 3<br><br>—<br><br>**Day 6**<br><br>월    일 | 오늘의 메시지 | 나 자신과의 목표와 약속 |
| | 오늘의 에너지 | 나를 살리는 힘이 되는 문장, 용기를 주는 구절, 짧은 감사일기 |
| | 오늘의 시너지 | 오늘 만나게 될 사람을 향한 감사와 기대하는 마음 |
| | NOT TO DO<br>LIST | 오늘 반드시 하지 말아야 할 일 |
| | TO DO LIST | 오늘 해야 할 일과 준비물 |
| | 오늘의 마무리 | 오늘의 배운 점, 운동 여부, 하루의 소감 |

| Date | Category | Contents |
|---|---|---|
| Season 3<br><br>—<br><br>**Day 7**<br><br>월    일 | 오늘의 메시지 | 나 자신과의 목표와 약속 |
| | 오늘의 에너지 | 나를 살리는 힘이 되는 문장, 용기를 주는 구절, 짧은 감사일기 |
| | 오늘의 시너지 | 오늘 만나게 될 사람을 향한 감사와 기대하는 마음 |
| | NOT TO DO LIST | 오늘 반드시 하지 말아야 할 일 |
| | TO DO LIST | 오늘 해야 할 일과 준비물 |
| | 오늘의 마무리 | 오늘의 배운 점, 운동 여부, 하루의 소감 |

# Quality는
# Quantity로부터 채워진다

내공 쌓기는 질적인 실력파가 되는 과정이다. 내공을 쌓는 것은 전문가에게 단기 속성 과외를 받는다고 형성되는 게 아니다. 일정 시간의 노력의 양을 쌓았을 때 내공의 기반이 닦인다. 프로 요리사도 바닥 청소부터, 프로 체조선수도 스트레칭부터, 프로 골퍼도 그립 잡는 것부터, 천리 길도 한걸음부터 한다. '양'을 채우는 시간들이 합쳐졌을 때 비로소 '질'적으로 퀀텀점프 할 수 있다. 처음부터 멋지고 간지 나는 나를 바라지 마라.

| Date | Category | Contents |
|---|---|---|
| Season 3 — **Day 8** 월 일 | 오늘의 메시지 | 나 자신과의 목표와 약속 |
| | 오늘의 에너지 | 나를 살리는 힘이 되는 문장, 용기를 주는 구절, 짧은 감사일기 |
| | 오늘의 시너지 | 오늘 만나게 될 사람을 향한 감사와 기대하는 마음 |
| | NOT TO DO LIST | 오늘 반드시 하지 말아야 할 일 |
| | TO DO LIST | 오늘 해야 할 일과 준비물 |
| | 오늘의 마무리 | 오늘의 배운 점, 운동 여부, 하루의 소감 |

| Date | Category | Contents |
|---|---|---|
| Season 3 — Day 9 월  일 | 오늘의 메시지 | 나 자신과의 목표와 약속 |
| | 오늘의 에너지 | 나를 살리는 힘이 되는 문장, 용기를 주는 구절, 짧은 감사일기 |
| | 오늘의 시너지 | 오늘 만나게 될 사람을 향한 감사와 기대하는 마음 |
| | NOT TO DO LIST | 오늘 반드시 하지 말아야 할 일 |
| | TO DO LIST | 오늘 해야 할 일과 준비물 |
| | 오늘의 마무리 | 오늘의 배운 점, 운동 여부, 하루의 소감 |

| Date | Category | Contents |
|---|---|---|
| Season 3<br>—<br>**Day 10**<br>월    일 | 오늘의 메시지 | 나 자신과의 목표와 약속 |
| | 오늘의 에너지 | 나를 살리는 힘이 되는 문장. 용기를 주는 구절. 짧은 감사일기 |
| | 오늘의 시너지 | 오늘 만나게 될 사람을 향한 감사와 기대하는 마음 |
| | NOT TO DO<br>LIST | 오늘 반드시 하지 말아야 할 일 |
| | TO DO LIST | 오늘 해야 할 일과 준비물 |
| | 오늘의 마무리 | 오늘의 배운 점. 운동 여부. 하루의 소감 |

| Date | Category | Contents |
|------|----------|----------|
| Season 3<br><br>—<br><br>**Day 11**<br><br>월 일 | 오늘의 메시지 | 나 자신과의 목표와 약속 |
| | 오늘의 에너지 | 나를 살리는 힘이 되는 문장, 용기를 주는 구절, 짧은 감사일기 |
| | 오늘의 시너지 | 오늘 만나게 될 사람을 향한 감사와 기대하는 마음 |
| | NOT TO DO LIST | 오늘 반드시 하지 말아야 할 일 |
| | TO DO LIST | 오늘 해야 할 일과 준비물 |
| | 오늘의 마무리 | 오늘의 배운 점, 운동 여부, 하루의 소감 |

| Date | Category | Contents |
|---|---|---|
| Season 3<br>—<br>**Day 12**<br>월    일 | 오늘의 메시지 | 나 자신과의 목표와 약속 |
| | 오늘의 에너지 | 나를 살리는 힘이 되는 문장, 용기를 주는 구절, 짧은 감사일기 |
| | 오늘의 시너지 | 오늘 만나게 될 사람을 향한 감사와 기대하는 마음 |
| | NOT TO DO<br>LIST | 오늘 반드시 하지 말아야 할 일 |
| | TO DO LIST | 오늘 해야 할 일과 준비물 |
| | 오늘의 마무리 | 오늘의 배운 점, 운동 여부, 하루의 소감 |

| Date | Category | Contents |
|---|---|---|
| Season 3<br><br>—<br><br>**Day 13**<br><br>월   일 | 오늘의 메시지 | 나 자신과의 목표와 약속 |
| | 오늘의 에너지 | 나를 살리는 힘이 되는 문장, 용기를 주는 구절, 짧은 감사일기 |
| | 오늘의 시너지 | 오늘 만나게 될 사람을 향한 감사와 기대하는 마음 |
| | NOT TO DO LIST | 오늘 반드시 하지 말아야 할 일 |
| | TO DO LIST | 오늘 해야 할 일과 준비물 |
| | 오늘의 마무리 | 오늘의 배운 점, 운동 여부, 하루의 소감 |

| Date | Category | Contents |
|---|---|---|
| Season 3<br><br>—<br><br>**Day 14**<br><br>월    일 | 오늘의 메시지 | 나 자신과의 목표와 약속 |
| | 오늘의 에너지 | 나를 살리는 힘이 되는 문장, 용기를 주는 구절, 짧은 감사일기 |
| | 오늘의 시너지 | 오늘 만나게 될 사람을 향한 감사와 기대하는 마음 |
| | NOT TO DO LIST | 오늘 반드시 하지 말아야 할 일 |
| | TO DO LIST | 오늘 해야 할 일과 준비물 |
| | 오늘의 마무리 | 오늘의 배운 점, 운동 여부, 하루의 소감 |

# 깨진 유리창을 대하는 자세

현명한 사람들은 애초에 심각한 문제를 만들지도 않지만, 어쩌다 운 나쁘게 한 방 얻어맞는 순간이 오면 스스로 묻는다. '내 생각대로 되게 하기 위해서 현재 나는 무엇을 바꾸어야 할까? 어떻게 하면 이 상황을 탈피하고 더 나아질 수 있을까?' 그리고 방향을 찾고, 바꾼다. 그러나 패배자들은 자잘하게 깨지는 유리창의 실금을 무시한다. 유리창이 산산조각이 나기 직전까지 변수에 무디다. 회복 불능의 변수가 터지기 전에 준비하고 대비하자. 송아지를 잃으면 외양간을 아무리 고쳐도 소용없다. 인간은 변화에 수동적인 동물이지만, 마음만 먹으면 언제든지 변화할 수 있는 만물의 영장이다.

| Date | Category | Contents |
|---|---|---|
| Season 3 — **Day 15** 월   일 | 오늘의 메시지 | 나 자신과의 목표와 약속 |
| | 오늘의 에너지 | 나를 살리는 힘이 되는 문장, 용기를 주는 구절, 짧은 감사일기 |
| | 오늘의 시너지 | 오늘 만나게 될 사람을 향한 감사와 기대하는 마음 |
| | NOT TO DO LIST | 오늘 반드시 하지 말아야 할 일 |
| | TO DO LIST | 오늘 해야 할 일과 준비물 |
| | 오늘의 마무리 | 오늘의 배운 점, 운동 여부, 하루의 소감 |

| Date | Category | Contents |
|---|---|---|
| **Season 3**<br>—<br>**Day 16**<br>월 일 | 오늘의 메시지 | 나 자신과의 목표와 약속 |
| | 오늘의 에너지 | 나를 살리는 힘이 되는 문장, 용기를 주는 구절, 짧은 감사일기 |
| | 오늘의 시너지 | 오늘 만나게 될 사람을 향한 감사와 기대하는 마음 |
| | NOT TO DO LIST | 오늘 반드시 하지 말아야 할 일 |
| | TO DO LIST | 오늘 해야 할 일과 준비물 |
| | 오늘의 마무리 | 오늘의 배운 점, 운동 여부, 하루의 소감 |

| Date | Category | Contents |
|---|---|---|
| Season 3<br>—<br>**Day 17**<br>월   일 | 오늘의 메시지 | 나 자신과의 목표와 약속 |
| | 오늘의 에너지 | 나를 살리는 힘이 되는 문장, 용기를 주는 구절, 짧은 감사일기 |
| | 오늘의 시너지 | 오늘 만나게 될 사람을 향한 감사와 기대하는 마음 |
| | NOT TO DO LIST | 오늘 반드시 하지 말아야 할 일 |
| | TO DO LIST | 오늘 해야 할 일과 준비물 |
| | 오늘의 마무리 | 오늘의 배운 점, 운동 여부, 하루의 소감 |

| Date | Category | Contents |
|---|---|---|
| Season 3 — **Day 18** 월  일 | 오늘의 메시지 | 나 자신과의 목표와 약속 |
| | 오늘의 에너지 | 나를 살리는 힘이 되는 문장, 용기를 주는 구절, 짧은 감사일기 |
| | 오늘의 시너지 | 오늘 만나게 될 사람을 향한 감사와 기대하는 마음 |
| | NOT TO DO LIST | 오늘 반드시 하지 말아야 할 일 |
| | TO DO LIST | 오늘 해야 할 일과 준비물 |
| | 오늘의 마무리 | 오늘의 배운 점, 운동 여부, 하루의 소감 |

| Date | Category | Contents |
|---|---|---|
| Season 3<br><br>—<br><br>Day 19<br><br>월    일 | 오늘의 메시지 | 나 자신과의 목표와 약속 |
| | 오늘의 에너지 | 나를 살리는 힘이 되는 문장, 용기를 주는 구절, 짧은 감사일기 |
| | 오늘의 시너지 | 오늘 만나게 될 사람을 향한 감사와 기대하는 마음 |
| | NOT TO DO LIST | 오늘 반드시 하지 말아야 할 일 |
| | TO DO LIST | 오늘 해야 할 일과 준비물 |
| | 오늘의 마무리 | 오늘의 배운 점, 운동 여부, 하루의 소감 |

| Date | Category | Contents |
|---|---|---|
| Season 3 — **Day 20** 월   일 | 오늘의 메시지 | 나 자신과의 목표와 약속 |
| | 오늘의 에너지 | 나를 살리는 힘이 되는 문장, 용기를 주는 구절, 짧은 감사일기 |
| | 오늘의 시너지 | 오늘 만나게 될 사람을 향한 감사와 기대하는 마음 |
| | NOT TO DO LIST | 오늘 반드시 하지 말아야 할 일 |
| | TO DO LIST | 오늘 해야 할 일과 준비물 |
| | 오늘의 마무리 | 오늘의 배운 점, 운동 여부, 하루의 소감 |

| Date | Category | Contents |
|---|---|---|
| Season 3<br>—<br>**Day 21**<br>월    일 | 오늘의 메시지 | 나 자신과의 목표와 약속 |
| | 오늘의 에너지 | 나를 살리는 힘이 되는 문장. 용기를 주는 구절. 짧은 감사일기 |
| | 오늘의 시너지 | 오늘 만나게 될 사람을 향한 감사와 기대하는 마음 |
| | NOT TO DO LIST | 오늘 반드시 하지 말아야 할 일 |
| | TO DO LIST | 오늘 해야 할 일과 준비물 |
| | 오늘의 마무리 | 오늘의 배운 점. 운동 여부, 하루의 소감 |

# 늘 배우려는 자세는
# 리더의 기본이다

직함과 신분이 그 사람을 리더로 만들어줄 순 있지만, 팔로워까지 만들어줄 수는 없다. 팔로워는 리더가 믿음과 신뢰를 적극적으로 먼저 줄 때 생긴다. 어떤 특성이 리더의 신뢰도를 좌우하는가? 그 건 늘 학습하며 도전하는 자세다. 따라가도 되겠다, 배울 점이 있 겠다라는 확실한 희망을 심어줄 때다. 미래의 경쟁력은 '배우려는 자세'에 있다. 졸업장 따면 배움이 끝이 아니라, 그때부터 진짜 배 움의 시작이다. 선택권 없이 정해진 원칙대로 받아들이는 배움이 아니라, 넓고 깊은 배움의 바다에서 직접 고른 분야에 마음껏 젖어 들어 온몸으로 익히는 배움이다. 리더의 내공과 신뢰도는 일정 시 간을 배움에 투자하는 매일의 루틴에서 시작된다.

| Date | Category | Contents |
|---|---|---|
| Season 3<br><br>—<br><br>**Day 22**<br><br>월    일 | 오늘의 메시지 | 나 자신과의 목표와 약속 |
| | 오늘의 에너지 | 나를 살리는 힘이 되는 문장, 용기를 주는 구절, 짧은 감사일기 |
| | 오늘의 시너지 | 오늘 만나게 될 사람을 향한 감사와 기대하는 마음 |
| | NOT TO DO LIST | 오늘 반드시 하지 말아야 할 일 |
| | TO DO LIST | 오늘 해야 할 일과 준비물 |
| | 오늘의 마무리 | 오늘의 배운 점, 운동 여부, 하루의 소감 |

| Date | Category | Contents |
|---|---|---|
| Season 3<br>—<br>**Day 23**<br>월 일 | 오늘의 메시지 | 나 자신과의 목표와 약속 |
| | 오늘의 에너지 | 나를 살리는 힘이 되는 문장, 용기를 주는 구절, 짧은 감사일기 |
| | 오늘의 시너지 | 오늘 만나게 될 사람을 향한 감사와 기대하는 마음 |
| | NOT TO DO<br>LIST | 오늘 반드시 하지 말아야 할 일 |
| | TO DO LIST | 오늘 해야 할 일과 준비물 |
| | 오늘의 마무리 | 오늘의 배운 점, 운동 여부, 하루의 소감 |

| Date | Category | Contents |
|---|---|---|
| Season 3<br><br>—<br><br>**Day 24**<br><br>월    일 | 오늘의 메시지 | 나 자신과의 목표와 약속 |
| | 오늘의 에너지 | 나를 살리는 힘이 되는 문장, 용기를 주는 구절, 짧은 감사일기 |
| | 오늘의 시너지 | 오늘 만나게 될 사람을 향한 감사와 기대하는 마음 |
| | NOT TO DO LIST | 오늘 반드시 하지 말아야 할 일 |
| | TO DO LIST | 오늘 해야 할 일과 준비물 |
| | 오늘의 마무리 | 오늘의 배운 점, 운동 여부, 하루의 소감 |

| Date | Category | Contents |
|---|---|---|
| Season 3 — **Day 25** 월  일 | 오늘의 메시지 | 나 자신과의 목표와 약속 |
| | 오늘의 에너지 | 나를 살리는 힘이 되는 문장, 용기를 주는 구절, 짧은 감사일기 |
| | 오늘의 시너지 | 오늘 만나게 될 사람을 향한 감사와 기대하는 마음 |
| | NOT TO DO LIST | 오늘 반드시 하지 말아야 할 일 |
| | TO DO LIST | 오늘 해야 할 일과 준비물 |
| | 오늘의 마무리 | 오늘의 배운 점, 운동 여부, 하루의 소감 |

| Date | Category | Contents |
|---|---|---|
| Season 3 — **Day 26** 월 일 | 오늘의 메시지 | 나 자신과의 목표와 약속 |
| | 오늘의 에너지 | 나를 살리는 힘이 되는 문장, 용기를 주는 구절, 짧은 감사일기 |
| | 오늘의 시너지 | 오늘 만나게 될 사람을 향한 감사와 기대하는 마음 |
| | NOT TO DO LIST | 오늘 반드시 하지 말아야 할 일 |
| | TO DO LIST | 오늘 해야 할 일과 준비물 |
| | 오늘의 마무리 | 오늘의 배운 점, 운동 여부, 하루의 소감 |

| Date | Category | Contents |
|---|---|---|
| Season 3 — **Day 27** 월 일 | 오늘의 메시지 | 나 자신과의 목표와 약속 |
| | 오늘의 에너지 | 나를 살리는 힘이 되는 문장, 용기를 주는 구절, 짧은 감사일기 |
| | 오늘의 시너지 | 오늘 만나게 될 사람을 향한 감사와 기대하는 마음 |
| | NOT TO DO LIST | 오늘 반드시 하지 말아야 할 일 |
| | TO DO LIST | 오늘 해야 할 일과 준비물 |
| | 오늘의 마무리 | 오늘의 배운 점, 운동 여부, 하루의 소감 |

| Date | Category | Contents |
|------|----------|----------|
| Season 3<br>—<br>**Day 28**<br>월    일 | 오늘의 메시지 | 나 자신과의 목표와 약속 |
| | 오늘의 에너지 | 나를 살리는 힘이 되는 문장, 용기를 주는 구절, 짧은 감사일기 |
| | 오늘의 시너지 | 오늘 만나게 될 사람을 향한 감사와 기대하는 마음 |
| | NOT TO DO<br>LIST | 오늘 반드시 하지 말아야 할 일 |
| | TO DO LIST | 오늘 해야 할 일과 준비물 |
| | 오늘의 마무리 | 오늘의 배운 점, 운동 여부, 하루의 소감 |

# 무의식을 훈련하면
# 습관이 바뀐다

가장 일상적인 생각이 가장 강력한 무의식적 행동을 만든다. 무의식은 평소 나의 선택과 행동의 바탕이 되는 사고의 집합체다. 낯선 생각이 반복적으로 무의식에 접속하면, 어느 순간 그 생각은 익숙해진다. 오랜 기간 낯선 반복이 전문가를 만드는 것과 같다. 같은 맥락에서, 의식적으로 '나는 능력이 없다', '나는 흙수저다'라는 생각을 반복적으로 말하고 생각한다면 어떻게 될까? 무의식에 조금씩 생각의 숲을 만든다. 숲이 울창해지면, 결국 나는 굳이 의식적으로 생각하지 않아도, 애쓰지 않아도, 무엇을 해도 무능력하고 가난한 사람이 되어 있을 것이다. 무의식을 무시하지 마라. 무의식은 몸으로 익히는 습관보다 강력한 영혼의 습관 창고다.

| Date | Category | Contents |
|---|---|---|
| Season 3 — **Day 29** 월 일 | 오늘의 메시지 | 나 자신과의 목표와 약속 |
| | 오늘의 에너지 | 나를 살리는 힘이 되는 문장, 용기를 주는 구절, 짧은 감사일기 |
| | 오늘의 시너지 | 오늘 만나게 될 사람을 향한 감사와 기대하는 마음 |
| | NOT TO DO LIST | 오늘 반드시 하지 말아야 할 일 |
| | TO DO LIST | 오늘 해야 할 일과 준비물 |
| | 오늘의 마무리 | 오늘의 배운 점, 운동 여부, 하루의 소감 |

| Date | Category | Contents |
|---|---|---|
| Season 3<br><br>—<br><br>**Day 30**<br><br>월   일 | 오늘의 메시지 | 나 자신과의 목표와 약속 |
| | 오늘의 에너지 | 나를 살리는 힘이 되는 문장, 용기를 주는 구절, 짧은 감사일기 |
| | 오늘의 시너지 | 오늘 만나게 될 사람을 향한 감사와 기대하는 마음 |
| | NOT TO DO LIST | 오늘 반드시 하지 말아야 할 일 |
| | TO DO LIST | 오늘 해야 할 일과 준비물 |
| | 오늘의 마무리 | 오늘의 배운 점, 운동 여부, 하루의 소감 |

| Date | Category | Contents |
|---|---|---|
| Season 3<br>—<br>**Day 31**<br>월 일 | 오늘의 메시지 | 나 자신과의 목표와 약속 |
| | 오늘의 에너지 | 나를 살리는 힘이 되는 문장, 용기를 주는 구절, 짧은 감사일기 |
| | 오늘의 시너지 | 오늘 만나게 될 사람을 향한 감사와 기대하는 마음 |
| | NOT TO DO<br>LIST | 오늘 반드시 하지 말아야 할 일 |
| | TO DO LIST | 오늘 해야 할 일과 준비물 |
| | 오늘의 마무리 | 오늘의 배운 점, 운동 여부, 하루의 소감 |

| Date | Category | Contents |
|---|---|---|
| Season 3 — **Day 32** 월 일 | 오늘의 메시지 | 나 자신과의 목표와 약속 |
| | 오늘의 에너지 | 나를 살리는 힘이 되는 문장, 용기를 주는 구절, 짧은 감사일기 |
| | 오늘의 시너지 | 오늘 만나게 될 사람을 향한 감사와 기대하는 마음 |
| | NOT TO DO LIST | 오늘 반드시 하지 말아야 할 일 |
| | TO DO LIST | 오늘 해야 할 일과 준비물 |
| | 오늘의 마무리 | 오늘의 배운 점, 운동 여부, 하루의 소감 |

| Date | Category | Contents |
|---|---|---|
| Season 3<br><br>—<br><br>**Day 33**<br><br>월   일 | 오늘의 메시지 | 나 자신과의 목표와 약속 |
| | 오늘의 에너지 | 나를 살리는 힘이 되는 문장, 용기를 주는 구절, 짧은 감사일기 |
| | 오늘의 시너지 | 오늘 만나게 될 사람을 향한 감사와 기대하는 마음 |
| | NOT TO DO LIST | 오늘 반드시 하지 말아야 할 일 |
| | TO DO LIST | 오늘 해야 할 일과 준비물 |
| | 오늘의 마무리 | 오늘의 배운 점, 운동 여부, 하루의 소감 |

| Date | Category | Contents |
|---|---|---|
| Season 3 — **Day 34** 월 일 | 오늘의 메시지 | 나 자신과의 목표와 약속 |
| | 오늘의 에너지 | 나를 살리는 힘이 되는 문장. 용기를 주는 구절. 짧은 감사일기 |
| | 오늘의 시너지 | 오늘 만나게 될 사람을 향한 감사와 기대하는 마음 |
| | NOT TO DO LIST | 오늘 반드시 하지 말아야 할 일 |
| | TO DO LIST | 오늘 해야 할 일과 준비물 |
| | 오늘의 마무리 | 오늘의 배운 점. 운동 여부. 하루의 소감 |

| Date | Category | Contents |
|---|---|---|
| Season 3 — **Day 35** 월 일 | 오늘의 메시지 | 나 자신과의 목표와 약속 |
| | 오늘의 에너지 | 나를 살리는 힘이 되는 문장, 용기를 주는 구절, 짧은 감사일기 |
| | 오늘의 시너지 | 오늘 만나게 될 사람을 향한 감사와 기대하는 마음 |
| | NOT TO DO LIST | 오늘 반드시 하지 말아야 할 일 |
| | TO DO LIST | 오늘 해야 할 일과 준비물 |
| | 오늘의 마무리 | 오늘의 배운 점, 운동 여부, 하루의 소감 |

# 타인의 명령 Vs 자신의 명령
# 어디에 익숙해질 것인가

스스로 훈련하지 않으면, 반드시 외부로부터 훈련된다. 눈에 띌 만한 변화와 성과를 만들려면 '똥개훈련'이 필요하다. 했던 것을 또 하고 또 하는 반복적인 연습과 시뮬레이션, 그것이 프로를 만든다. 일반인들은 하다 관두지만, 프로들은 될 때까지 시도하는 집념과 근성이 있다. 그 훈련을 내가 시킬 것인지, 남에게 시킴 받을 것인지 스스로 결정하라. 자기 훈련을 하지 못하는 사람들은 먹어도 되는 떡을 그림의 떡처럼 무심코 대한다. 코앞에 기회가 있어도 기회인지 보지 못한다.

| Date | Category | Contents |
|---|---|---|
| Season 3 — **Day 36** 월   일 | 오늘의 메시지 | 나 자신과의 목표와 약속 |
| | 오늘의 에너지 | 나를 살리는 힘이 되는 문장, 용기를 주는 구절, 짧은 감사일기 |
| | 오늘의 시너지 | 오늘 만나게 될 사람을 향한 감사와 기대하는 마음 |
| | NOT TO DO LIST | 오늘 반드시 하지 말아야 할 일 |
| | TO DO LIST | 오늘 해야 할 일과 준비물 |
| | 오늘의 마무리 | 오늘의 배운 점, 운동 여부, 하루의 소감 |

| Date | Category | Contents |
|---|---|---|
| Season 3 — **Day 37** 월    일 | 오늘의 메시지 | 나 자신과의 목표와 약속 |
| | 오늘의 에너지 | 나를 살리는 힘이 되는 문장, 용기를 주는 구절, 짧은 감사일기 |
| | 오늘의 시너지 | 오늘 만나게 될 사람을 향한 감사와 기대하는 마음 |
| | NOT TO DO LIST | 오늘 반드시 하지 말아야 할 일 |
| | TO DO LIST | 오늘 해야 할 일과 준비물 |
| | 오늘의 마무리 | 오늘의 배운 점, 운동 여부, 하루의 소감 |

| Date | Category | Contents |
|---|---|---|
| Season 3<br>—<br>**Day 38**<br>월   일 | 오늘의 메시지 | 나 자신과의 목표와 약속 |
| | 오늘의 에너지 | 나를 살리는 힘이 되는 문장, 용기를 주는 구절, 짧은 감사일기 |
| | 오늘의 시너지 | 오늘 만나게 될 사람을 향한 감사와 기대하는 마음 |
| | NOT TO DO<br>LIST | 오늘 반드시 하지 말아야 할 일 |
| | TO DO LIST | 오늘 해야 할 일과 준비물 |
| | 오늘의 마무리 | 오늘의 배운 점, 운동 여부, 하루의 소감 |

| Date | Category | Contents |
|---|---|---|
| **Season 3**<br><br>—<br><br>**Day 39**<br><br>월   일 | 오늘의 메시지 | 나 자신과의 목표와 약속 |
| | 오늘의 에너지 | 나를 살리는 힘이 되는 문장, 용기를 주는 구절, 짧은 감사일기 |
| | 오늘의 시너지 | 오늘 만나게 될 사람을 향한 감사와 기대하는 마음 |
| | NOT TO DO LIST | 오늘 반드시 하지 말아야 할 일 |
| | TO DO LIST | 오늘 해야 할 일과 준비물 |
| | 오늘의 마무리 | 오늘의 배운 점, 운동 여부, 하루의 소감 |

| Date | Category | Contents |
|---|---|---|
| Season 3<br>—<br>**Day 40**<br>월    일 | 오늘의 메시지 | 나 자신과의 목표와 약속 |
| | 오늘의 에너지 | 나를 살리는 힘이 되는 문장, 용기를 주는 구절, 짧은 감사일기 |
| | 오늘의 시너지 | 오늘 만나게 될 사람을 향한 감사와 기대하는 마음 |
| | NOT TO DO<br>LIST | 오늘 반드시 하지 말아야 할 일 |
| | TO DO LIST | 오늘 해야 할 일과 준비물 |
| | 오늘의 마무리 | 오늘의 배운 점, 운동 여부, 하루의 소감 |

| Date | Category | Contents |
|---|---|---|
| Season 3 — **Day 41** 월    일 | 오늘의 메시지 | 나 자신과의 목표와 약속 |
| | 오늘의 에너지 | 나를 살리는 힘이 되는 문장, 용기를 주는 구절, 짧은 감사일기 |
| | 오늘의 시너지 | 오늘 만나게 될 사람을 향한 감사와 기대하는 마음 |
| | NOT TO DO LIST | 오늘 반드시 하지 말아야 할 일 |
| | TO DO LIST | 오늘 해야 할 일과 준비물 |
| | 오늘의 마무리 | 오늘의 배운 점, 운동 여부, 하루의 소감 |

| Date | Category | Contents |
|---|---|---|
| Season 3<br>—<br>**Day 42**<br>월　일 | 오늘의 메시지 | 나 자신과의 목표와 약속 |
| | 오늘의 에너지 | 나를 살리는 힘이 되는 문장, 용기를 주는 구절, 짧은 감사일기 |
| | 오늘의 시너지 | 오늘 만나게 될 사람을 향한 감사와 기대하는 마음 |
| | NOT TO DO<br>LIST | 오늘 반드시 하지 말아야 할 일 |
| | TO DO LIST | 오늘 해야 할 일과 준비물 |
| | 오늘의 마무리 | 오늘의 배운 점, 운동 여부, 하루의 소감 |

# 포기를 옵션에서 빼라

그만두기를 거부할 때 모든 발걸음과 땀방울이 보상으로 돌아온다.
그만둘까 말까 고민하는 사람은 이미 그만두고 싶은 마음이 가득
차올랐다. 정말 해내는 사람은 포기 자체가 고민 목록에 없다. 임계
점을 넘지 않은 상태에서 포기해버리면 지금까지의 모든 노력이 수
포로 돌아감을 잘 알기 때문이다. 거의 다 끓었다. 1도만 더 끓어 올
리자. 들인 시간과 노력이 아까워서라도 될 때까지 끝까지 해내자.

| Date | Category | Contents |
|---|---|---|
| Season 3<br>—<br>**Day 43**<br>월   일 | 오늘의 메시지 | 나 자신과의 목표와 약속 |
| | 오늘의 에너지 | 나를 살리는 힘이 되는 문장, 용기를 주는 구절, 짧은 감사일기 |
| | 오늘의 시너지 | 오늘 만나게 될 사람을 향한 감사와 기대하는 마음 |
| | NOT TO DO<br>LIST | 오늘 반드시 하지 말아야 할 일 |
| | TO DO LIST | 오늘 해야 할 일과 준비물 |
| | 오늘의 마무리 | 오늘의 배운 점, 운동 여부, 하루의 소감 |

| Date | Category | Contents |
|---|---|---|
| Season 3 — **Day 44** 월 일 | 오늘의 메시지 | 나 자신과의 목표와 약속 |
| | 오늘의 에너지 | 나를 살리는 힘이 되는 문장, 용기를 주는 구절, 짧은 감사일기 |
| | 오늘의 시너지 | 오늘 만나게 될 사람을 향한 감사와 기대하는 마음 |
| | NOT TO DO LIST | 오늘 반드시 하지 말아야 할 일 |
| | TO DO LIST | 오늘 해야 할 일과 준비물 |
| | 오늘의 마무리 | 오늘의 배운 점, 운동 여부, 하루의 소감 |

| Date | Category | Contents |
|---|---|---|
| **Season 3**<br>—<br>**Day 45**<br>월　일 | 오늘의 메시지 | 나 자신과의 목표와 약속 |
| | 오늘의 에너지 | 나를 살리는 힘이 되는 문장, 용기를 주는 구절, 짧은 감사일기 |
| | 오늘의 시너지 | 오늘 만나게 될 사람을 향한 감사와 기대하는 마음 |
| | NOT TO DO LIST | 오늘 반드시 하지 말아야 할 일 |
| | TO DO LIST | 오늘 해야 할 일과 준비물 |
| | 오늘의 마무리 | 오늘의 배운 점, 운동 여부, 하루의 소감 |

| Date | Category | Contents |
|------|----------|----------|
| Season 3 — **Day 46** 월    일 | 오늘의 메시지 | 나 자신과의 목표와 약속 |
| | 오늘의 에너지 | 나를 살리는 힘이 되는 문장, 용기를 주는 구절, 짧은 감사일기 |
| | 오늘의 시너지 | 오늘 만나게 될 사람을 향한 감사와 기대하는 마음 |
| | NOT TO DO LIST | 오늘 반드시 하지 말아야 할 일 |
| | TO DO LIST | 오늘 해야 할 일과 준비물 |
| | 오늘의 마무리 | 오늘의 배운 점, 운동 여부, 하루의 소감 |

| Date | Category | Contents |
|---|---|---|
| Season 3<br>—<br>**Day 47**<br>월    일 | 오늘의 메시지 | 나 자신과의 목표와 약속 |
| | 오늘의 에너지 | 나를 살리는 힘이 되는 문장, 용기를 주는 구절, 짧은 감사일기 |
| | 오늘의 시너지 | 오늘 만나게 될 사람을 향한 감사와 기대하는 마음 |
| | NOT TO DO<br>LIST | 오늘 반드시 하지 말아야 할 일 |
| | TO DO LIST | 오늘 해야 할 일과 준비물 |
| | 오늘의 마무리 | 오늘의 배운 점, 운동 여부, 하루의 소감 |

| Date | Category | Contents |
|---|---|---|
| Season 3 — **Day 48** 월 일 | 오늘의 메시지 | 나 자신과의 목표와 약속 |
| | 오늘의 에너지 | 나를 살리는 힘이 되는 문장, 용기를 주는 구절, 짧은 감사일기 |
| | 오늘의 시너지 | 오늘 만나게 될 사람을 향한 감사와 기대하는 마음 |
| | NOT TO DO LIST | 오늘 반드시 하지 말아야 할 일 |
| | TO DO LIST | 오늘 해야 할 일과 준비물 |
| | 오늘의 마무리 | 오늘의 배운 점, 운동 여부, 하루의 소감 |

| Date | Category | Contents |
|---|---|---|
| Season 3 — **Day 49** 월 일 | 오늘의 메시지 | 나 자신과의 목표와 약속 |
| | 오늘의 에너지 | 나를 살리는 힘이 되는 문장, 용기를 주는 구절, 짧은 감사일기 |
| | 오늘의 시너지 | 오늘 만나게 될 사람을 향한 감사와 기대하는 마음 |
| | NOT TO DO LIST | 오늘 반드시 하지 말아야 할 일 |
| | TO DO LIST | 오늘 해야 할 일과 준비물 |
| | 오늘의 마무리 | 오늘의 배운 점, 운동 여부, 하루의 소감 |

# 작은 것을 통제하는 지혜

돈을 벌 때 중요한 것과 꿈을 이룰 때 중요한 것이 동일하다. 바로 작은 것의 '반복'이다. 티끌 모아 태산이라는 것은, 돈벌이와 꿈 성취 모두에 적용된다. 자잘한 돈을 어떻게 소비하는지, 자투리 시간을 어떻게 사용하는지, 그 작고 사소한 습관이 큰 차이를 만든다. 작은 돈을 함부로 다뤄 허투루 쓰는 사람은 가난이 익숙해진다. 적은 시간을 계획 없이 대충 쓰는 사람은 포기와 푸념이 익숙해진다. 경제적인 자유, 꿈을 이루는 자유는 반복적인 작은 것을 통제하는 것에서 비롯된다.

| Date | Category | Contents |
|---|---|---|
| Season 3 — **Day 50** 월 일 | 오늘의 메시지 | 나 자신과의 목표와 약속 |
| | 오늘의 에너지 | 나를 살리는 힘이 되는 문장, 용기를 주는 구절, 짧은 감사일기 |
| | 오늘의 시너지 | 오늘 만나게 될 사람을 향한 감사와 기대하는 마음 |
| | NOT TO DO LIST | 오늘 반드시 하지 말아야 할 일 |
| | TO DO LIST | 오늘 해야 할 일과 준비물 |
| | 오늘의 마무리 | 오늘의 배운 점, 운동 여부, 하루의 소감 |

| Date | Category | Contents |
|------|----------|----------|
| Season 3 — **Day 51** 월 일 | 오늘의 메시지 | 나 자신과의 목표와 약속 |
| | 오늘의 에너지 | 나를 살리는 힘이 되는 문장, 용기를 주는 구절, 짧은 감사일기 |
| | 오늘의 시너지 | 오늘 만나게 될 사람을 향한 감사와 기대하는 마음 |
| | NOT TO DO LIST | 오늘 반드시 하지 말아야 할 일 |
| | TO DO LIST | 오늘 해야 할 일과 준비물 |
| | 오늘의 마무리 | 오늘의 배운 점, 운동 여부, 하루의 소감 |

| Date | Category | Contents |
|---|---|---|
| Season 3 — **Day 52** 월 일 | 오늘의 메시지 | 나 자신과의 목표와 약속 |
| | 오늘의 에너지 | 나를 살리는 힘이 되는 문장, 용기를 주는 구절, 짧은 감사일기 |
| | 오늘의 시너지 | 오늘 만나게 될 사람을 향한 감사와 기대하는 마음 |
| | NOT TO DO LIST | 오늘 반드시 하지 말아야 할 일 |
| | TO DO LIST | 오늘 해야 할 일과 준비물 |
| | 오늘의 마무리 | 오늘의 배운 점, 운동 여부, 하루의 소감 |

| Date | Category | Contents |
|---|---|---|
| Season 3 — **Day 53** 월 일 | 오늘의 메시지 | 나 자신과의 목표와 약속 |
| | 오늘의 에너지 | 나를 살리는 힘이 되는 문장, 용기를 주는 구절, 짧은 감사일기 |
| | 오늘의 시너지 | 오늘 만나게 될 사람을 향한 감사와 기대하는 마음 |
| | NOT TO DO LIST | 오늘 반드시 하지 말아야 할 일 |
| | TO DO LIST | 오늘 해야 할 일과 준비물 |
| | 오늘의 마무리 | 오늘의 배운 점, 운동 여부, 하루의 소감 |

| Date | Category | Contents |
|---|---|---|
| **Season 3**<br><br>—<br><br>**Day 54**<br><br>월    일 | 오늘의 메시지 | 나 자신과의 목표와 약속 |
| | 오늘의 에너지 | 나를 살리는 힘이 되는 문장, 용기를 주는 구절, 짧은 감사일기 |
| | 오늘의 시너지 | 오늘 만나게 될 사람을 향한 감사와 기대하는 마음 |
| | NOT TO DO<br>LIST | 오늘 반드시 하지 말아야 할 일 |
| | TO DO LIST | 오늘 해야 할 일과 준비물 |
| | 오늘의 마무리 | 오늘의 배운 점, 운동 여부, 하루의 소감 |

| Date | Category | Contents |
|---|---|---|
| Season 3<br><br>—<br><br>**Day 55**<br><br>월   일 | 오늘의 메시지 | 나 자신과의 목표와 약속 |
| | 오늘의 에너지 | 나를 살리는 힘이 되는 문장, 용기를 주는 구절, 짧은 감사일기 |
| | 오늘의 시너지 | 오늘 만나게 될 사람을 향한 감사와 기대하는 마음 |
| | NOT TO DO LIST | 오늘 반드시 하지 말아야 할 일 |
| | TO DO LIST | 오늘 해야 할 일과 준비물 |
| | 오늘의 마무리 | 오늘의 배운 점, 운동 여부, 하루의 소감 |

| Date | Category | Contents |
|---|---|---|
| Season 3 — **Day 56** 월 일 | 오늘의 메시지 | 나 자신과의 목표와 약속 |
| | 오늘의 에너지 | 나를 살리는 힘이 되는 문장, 용기를 주는 구절, 짧은 감사일기 |
| | 오늘의 시너지 | 오늘 만나게 될 사람을 향한 감사와 기대하는 마음 |
| | NOT TO DO LIST | 오늘 반드시 하지 말아야 할 일 |
| | TO DO LIST | 오늘 해야 할 일과 준비물 |
| | 오늘의 마무리 | 오늘의 배운 점, 운동 여부, 하루의 소감 |

# 성취는 이미
# 지금부터 이뤄진다

스스로의 삶에 최고와 최선의 대우를 하자. 기분이 좋아지는 공간, 시간, 리추얼 등을 만들어보자. 반복하자. 세뇌하자. 삶에 개성을 부여할수록, 나의 가치는 더욱 특별해진다. 깨끗하게 정돈하자. 정리 정돈은 '귀차니즘'만 극복하면 누구나 할 수 있는 나를 위한 최소한의 매너다. 자기를 존중하는 마음은 몸과 마음이 머물 쾌적한 장소를 정리하는 것에서 시작된다. 미래에 풍족한 삶을 살기 원하는 사람은, 현재에도 충분히 풍족한 생활방식을 조성할 줄 안다. 성공하기 위해서는 이미 성공한 것처럼 살고 지금 성공을 느끼고 있어야 한다. 지금 성공한 사람이 미래에도 성공한 자신을 만난다.

| Date | Category | Contents |
|---|---|---|
| Season 3 — **Day 57** 월 일 | 오늘의 메시지 | 나 자신과의 목표와 약속 |
| | 오늘의 에너지 | 나를 살리는 힘이 되는 문장, 용기를 주는 구절, 짧은 감사일기 |
| | 오늘의 시너지 | 오늘 만나게 될 사람을 향한 감사와 기대하는 마음 |
| | NOT TO DO LIST | 오늘 반드시 하지 말아야 할 일 |
| | TO DO LIST | 오늘 해야 할 일과 준비물 |
| | 오늘의 마무리 | 오늘의 배운 점, 운동 여부, 하루의 소감 |

| Date | Category | Contents |
|---|---|---|
| Season 3<br>—<br>**Day 58**<br>월    일 | 오늘의 메시지 | 나 자신과의 목표와 약속 |
| | 오늘의 에너지 | 나를 살리는 힘이 되는 문장, 용기를 주는 구절, 짧은 감사일기 |
| | 오늘의 시너지 | 오늘 만나게 될 사람을 향한 감사와 기대하는 마음 |
| | NOT TO DO<br>LIST | 오늘 반드시 하지 말아야 할 일 |
| | TO DO LIST | 오늘 해야 할 일과 준비물 |
| | 오늘의 마무리 | 오늘의 배운 점, 운동 여부, 하루의 소감 |

| Date | Category | Contents |
|---|---|---|
| Season 3 — **Day 59** 월    일 | 오늘의 메시지 | 나 자신과의 목표와 약속 |
| | 오늘의 에너지 | 나를 살리는 힘이 되는 문장, 용기를 주는 구절, 짧은 감사일기 |
| | 오늘의 시너지 | 오늘 만나게 될 사람을 향한 감사와 기대하는 마음 |
| | NOT TO DO LIST | 오늘 반드시 하지 말아야 할 일 |
| | TO DO LIST | 오늘 해야 할 일과 준비물 |
| | 오늘의 마무리 | 오늘의 배운 점, 운동 여부, 하루의 소감 |

| Date | Category | Contents |
|---|---|---|
| Season 3<br><br>—<br><br>**Day 60**<br><br>월    일 | 오늘의 메시지 | 나 자신과의 목표와 약속 |
| | 오늘의 에너지 | 나를 살리는 힘이 되는 문장, 용기를 주는 구절, 짧은 감사일기 |
| | 오늘의 시너지 | 오늘 만나게 될 사람을 향한 감사와 기대하는 마음 |
| | NOT TO DO LIST | 오늘 반드시 하지 말아야 할 일 |
| | TO DO LIST | 오늘 해야 할 일과 준비물 |
| | 오늘의 마무리 | 오늘의 배운 점, 운동 여부, 하루의 소감 |

| Date | Category | Contents |
|---|---|---|
| Season 3<br>—<br>**Day 61**<br>월    일 | 오늘의 메시지 | 나 자신과의 목표와 약속 |
| | 오늘의 에너지 | 나를 살리는 힘이 되는 문장, 용기를 주는 구절, 짧은 감사일기 |
| | 오늘의 시너지 | 오늘 만나게 될 사람을 향한 감사와 기대하는 마음 |
| | NOT TO DO<br>LIST | 오늘 반드시 하지 말아야 할 일 |
| | TO DO LIST | 오늘 해야 할 일과 준비물 |
| | 오늘의 마무리 | 오늘의 배운 점, 운동 여부, 하루의 소감 |

| Date | Category | Contents |
|---|---|---|
| Season 3<br><br>—<br><br>**Day 62**<br><br>월    일 | 오늘의 메시지 | 나 자신과의 목표와 약속 |
| | 오늘의 에너지 | 나를 살리는 힘이 되는 문장, 용기를 주는 구절, 짧은 감사일기 |
| | 오늘의 시너지 | 오늘 만나게 될 사람을 향한 감사와 기대하는 마음 |
| | NOT TO DO LIST | 오늘 반드시 하지 말아야 할 일 |
| | TO DO LIST | 오늘 해야 할 일과 준비물 |
| | 오늘의 마무리 | 오늘의 배운 점, 운동 여부, 하루의 소감 |

| Date | Category | Contents |
|---|---|---|
| **Season 3**<br>—<br>**Day 63**<br>월 일 | 오늘의 메시지 | 나 자신과의 목표와 약속 |
| | 오늘의 에너지 | 나를 살리는 힘이 되는 문장, 용기를 주는 구절, 짧은 감사일기 |
| | 오늘의 시너지 | 오늘 만나게 될 사람을 향한 감사와 기대하는 마음 |
| | NOT TO DO LIST | 오늘 반드시 하지 말아야 할 일 |
| | TO DO LIST | 오늘 해야 할 일과 준비물 |
| | 오늘의 마무리 | 오늘의 배운 점, 운동 여부, 하루의 소감 |

# 인생문장은
# 잊지 말기로 결단하기

책을 읽다가 정말 이 문장은 꼭 평생 기억하며 살고 싶은 게 있다면, 반드시 노트를 만들어 기록해두고 그런 문장들을 수집하라. 노트 대신 종이에 적어 잘 보이는 곳에 붙여 놓아도 좋다. 중요한 것은 잊지 않는 것이다. 처음 읽던 순간에는 평생 기억하겠다고 다짐하더라도 생각보다 우리는 쉽게 잊는다. 소중한 그 문장을 잊지 않도록 의도적 노력을 들이는 것은 책 속의 깨달음이 바로 나의 천성이 되게 한다.

| Date | Category | Contents |
|---|---|---|
| Season 3<br>—<br>**Day 64**<br>월    일 | 오늘의 메시지 | 나 자신과의 목표와 약속 |
| | 오늘의 에너지 | 나를 살리는 힘이 되는 문장, 용기를 주는 구절, 짧은 감사일기 |
| | 오늘의 시너지 | 오늘 만나게 될 사람을 향한 감사와 기대하는 마음 |
| | NOT TO DO<br>LIST | 오늘 반드시 하지 말아야 할 일 |
| | TO DO LIST | 오늘 해야 할 일과 준비물 |
| | 오늘의 마무리 | 오늘의 배운 점, 운동 여부, 하루의 소감 |

| Date | Category | Contents |
|---|---|---|
| Season 3<br>—<br>**Day 65**<br>월    일 | 오늘의 메시지 | 나 자신과의 목표와 약속 |
| | 오늘의 에너지 | 나를 살리는 힘이 되는 문장, 용기를 주는 구절, 짧은 감사일기 |
| | 오늘의 시너지 | 오늘 만나게 될 사람을 향한 감사와 기대하는 마음 |
| | NOT TO DO LIST | 오늘 반드시 하지 말아야 할 일 |
| | TO DO LIST | 오늘 해야 할 일과 준비물 |
| | 오늘의 마무리 | 오늘의 배운 점, 운동 여부, 하루의 소감 |

| Date | Category | Contents |
|---|---|---|
| Season 3 — **Day 66** 월  일 | 오늘의 메시지 | 나 자신과의 목표와 약속 |
| | 오늘의 에너지 | 나를 살리는 힘이 되는 문장, 용기를 주는 구절, 짧은 감사일기 |
| | 오늘의 시너지 | 오늘 만나게 될 사람을 향한 감사와 기대하는 마음 |
| | NOT TO DO LIST | 오늘 반드시 하지 말아야 할 일 |
| | TO DO LIST | 오늘 해야 할 일과 준비물 |
| | 오늘의 마무리 | 오늘의 배운 점, 운동 여부, 하루의 소감 |

| Date | Category | Contents |
|---|---|---|
| Season 3 — **Day 67** 월    일 | 오늘의 메시지 | 나 자신과의 목표와 약속 |
| | 오늘의 에너지 | 나를 살리는 힘이 되는 문장, 용기를 주는 구절, 짧은 감사일기 |
| | 오늘의 시너지 | 오늘 만나게 될 사람을 향한 감사와 기대하는 마음 |
| | NOT TO DO LIST | 오늘 반드시 하지 말아야 할 일 |
| | TO DO LIST | 오늘 해야 할 일과 준비물 |
| | 오늘의 마무리 | 오늘의 배운 점, 운동 여부, 하루의 소감 |

| Date | Category | Contents |
|---|---|---|
| Season 3<br>—<br>**Day 68**<br>월   일 | 오늘의 메시지 | 나 자신과의 목표와 약속 |
| | 오늘의 에너지 | 나를 살리는 힘이 되는 문장, 용기를 주는 구절, 짧은 감사일기 |
| | 오늘의 시너지 | 오늘 만나게 될 사람을 향한 감사와 기대하는 마음 |
| | NOT TO DO<br>LIST | 오늘 반드시 하지 말아야 할 일 |
| | TO DO LIST | 오늘 해야 할 일과 준비물 |
| | 오늘의 마무리 | 오늘의 배운 점, 운동 여부, 하루의 소감 |

| Date | Category | Contents |
|---|---|---|
| Season 3 — **Day 69** 월   일 | 오늘의 메시지 | 나 자신과의 목표와 약속 |
| | 오늘의 에너지 | 나를 살리는 힘이 되는 문장, 용기를 주는 구절, 짧은 감사일기 |
| | 오늘의 시너지 | 오늘 만나게 될 사람을 향한 감사와 기대하는 마음 |
| | NOT TO DO LIST | 오늘 반드시 하지 말아야 할 일 |
| | TO DO LIST | 오늘 해야 할 일과 준비물 |
| | 오늘의 마무리 | 오늘의 배운 점, 운동 여부, 하루의 소감 |

| Date | Category | Contents |
|---|---|---|
| Season 3<br>—<br>**Day 70**<br><br>월    일 | 오늘의 메시지 | 나 자신과의 목표와 약속 |
| | 오늘의 에너지 | 나를 살리는 힘이 되는 문장, 용기를 주는 구절, 짧은 감사일기 |
| | 오늘의 시너지 | 오늘 만나게 될 사람을 향한 감사와 기대하는 마음 |
| | NOT TO DO<br>LIST | 오늘 반드시 하지 말아야 할 일 |
| | TO DO LIST | 오늘 해야 할 일과 준비물 |
| | 오늘의 마무리 | 오늘의 배운 점, 운동 여부, 하루의 소감 |

# 내 인생의 시스템

비즈니스에서 성과를 만드는 일등공신은 바로 '시스템'이다. 경험에서 온 통계를 일반화한 것이며, 불량률이 적은 루틴이다. 시스템은 일반적이고 획일화된 결과를 산출하는 공식이지만, 시스템이 없으면 사회가 돌아가지 않는다. 국가와 학교와 공공기관과 기업, 하다못해 가정에서까지 시스템을 무시해서는 운영과 성장을 이어갈 수 없다. 그렇기에 시스템의 가치를 아는 사람만이 시간을 효율적으로 사용하며 오랜 시간에 걸쳐 괄목할 만한 결과를 만든다. 우리의 하루도 시스템화하여 공장을 돌리듯 에너지 효율을 극대화시킨다면 인생의 반전이 일어날 수 있다. 개인의 삶에 시스템이 있다는건 지겨운 반복으로 결과를 만들어낸다는 의미이다.

# SEASON 4

네 번째 70일

## 자세를 다듬는 시간

인생이란 참 묘해서, 내가 생각하는 대로 원하는 대로 얻게 된다.
평균 정도면 됐지 하면 평균의 삶을 살고,
최고의 삶을 추구하면 최고를 살게 되며,
별 생각 없이 살면 별 볼일 없는 삶을 살게 된다.

# 금사빠보다 오사빠

연애의 #금사빠처럼, 꿈에도 금사빠가 있다. 금방 사랑에 빠지는 타입들은 매력을 느끼는 대상이 쉽게 변해서 사랑의 완성이 어렵다. 세상의 값지고 소중한 것들은 모두 오랜 시간의 정성과 집중을 통해 얻어진다. 진짜 열정은 금사빠가 아닌 #오사빠들의 성향이다. 오래 사랑에 빠지는 사람은 그 대상이 사람이건, 꿈이건 질리지도 지치지도 않는다. 순간 싫어질 수도 있고, 힘들 때도 있다. 그러나 첫 마음을 잊지 않으며, 본인이 한 선택에 어떻게든 책임을 지려 한다. 그리고 그 선택을 오랜 시간 끌고 갔을 때 다가올 선물 같은 미래를 기대하고 상상하며 감사한다. 양은냄비 같은 꿈을 꾸지 말고, 오랜 시간 따뜻하게 데워줄 뚝배기 같은 진득한 꿈을 꾸자. 쉽게 떼어

지는 포스트잇 같은 스티커 말고 한 번 붙이면 안 떨어지는 강력접
착제처럼 꿈에 몰입하자. 꿈의 방향만 확실하다면 오사빠는 반드시
성취의 결과를 본다.

# 작은 성취를
# 가벼이 보지 말라

인생은 사소한 선택과 작은 성취가 지속적으로 이어지는 마라톤 경주다. 작은 성취가 또 다른 도전의 연료가 된다. 따라서 작은 성취가 없다면 나아갈 힘이 만들어지지 않는다. 내가 잘하는 아주 사소한 그 무엇을 통해 성취감을 맛보고 자신감 탱크를 채워라. 정작 손쓸 수 없는 위기가 닥치면, 이렇게 빛나고 아름다울 수 있었던 내 인생을 마주할 수 없다.

| Date | Category | Contents |
|---|---|---|
| **Season 4**<br><br>—<br><br>**Day 1**<br><br>월    일 | 오늘의 메시지 | 나 자신과의 목표와 약속 |
| | 오늘의 에너지 | 나를 살리는 힘이 되는 문장, 용기를 주는 구절, 짧은 감사일기 |
| | 오늘의 시너지 | 오늘 만나게 될 사람을 향한 감사와 기대하는 마음 |
| | NOT TO DO LIST | 오늘 반드시 하지 말아야 할 일 |
| | TO DO LIST | 오늘 해야 할 일과 준비물 |
| | 오늘의 마무리 | 오늘의 배운 점, 운동 여부, 하루의 소감 |

| Date | Category | Contents |
|---|---|---|
| Season 4 — **Day 2** 월   일 | 오늘의 메시지 | 나 자신과의 목표와 약속 |
| | 오늘의 에너지 | 나를 살리는 힘이 되는 문장, 용기를 주는 구절, 짧은 감사일기 |
| | 오늘의 시너지 | 오늘 만나게 될 사람을 향한 감사와 기대하는 마음 |
| | NOT TO DO LIST | 오늘 반드시 하지 말아야 할 일 |
| | TO DO LIST | 오늘 해야 할 일과 준비물 |
| | 오늘의 마무리 | 오늘의 배운 점, 운동 여부, 하루의 소감 |

| Date | Category | Contents |
|---|---|---|
| **Season 4**<br><br>—<br><br>**Day 3**<br><br>월    일 | 오늘의 메시지 | 나 자신과의 목표와 약속 |
| | 오늘의 에너지 | 나를 살리는 힘이 되는 문장, 용기를 주는 구절, 짧은 감사일기 |
| | 오늘의 시너지 | 오늘 만나게 될 사람을 향한 감사와 기대하는 마음 |
| | NOT TO DO LIST | 오늘 반드시 하지 말아야 할 일 |
| | TO DO LIST | 오늘 해야 할 일과 준비물 |
| | 오늘의 마무리 | 오늘의 배운 점, 운동 여부, 하루의 소감 |

| Date | Category | Contents |
|---|---|---|
| Season 4<br><br>—<br><br>**Day 4**<br><br>월    일 | 오늘의 메시지 | 나 자신과의 목표와 약속 |
| | 오늘의 에너지 | 나를 살리는 힘이 되는 문장. 용기를 주는 구절. 짧은 감사일기 |
| | 오늘의 시너지 | 오늘 만나게 될 사람을 향한 감사와 기대하는 마음 |
| | NOT TO DO LIST | 오늘 반드시 하지 말아야 할 일 |
| | TO DO LIST | 오늘 해야 할 일과 준비물 |
| | 오늘의 마무리 | 오늘의 배운 점. 운동 여부. 하루의 소감 |

| Date | Category | Contents |
|---|---|---|
| Season 4 — **Day 5** 월    일 | 오늘의 메시지 | 나 자신과의 목표와 약속 |
| | 오늘의 에너지 | 나를 살리는 힘이 되는 문장, 용기를 주는 구절, 짧은 감사일기 |
| | 오늘의 시너지 | 오늘 만나게 될 사람을 향한 감사와 기대하는 마음 |
| | NOT TO DO LIST | 오늘 반드시 하지 말아야 할 일 |
| | TO DO LIST | 오늘 해야 할 일과 준비물 |
| | 오늘의 마무리 | 오늘의 배운 점, 운동 여부, 하루의 소감 |

| Date | Category | Contents |
|---|---|---|
| Season 4 — **Day 6** 월    일 | 오늘의 메시지 | 나 자신과의 목표와 약속 |
| | 오늘의 에너지 | 나를 살리는 힘이 되는 문장, 용기를 주는 구절, 짧은 감사일기 |
| | 오늘의 시너지 | 오늘 만나게 될 사람을 향한 감사와 기대하는 마음 |
| | NOT TO DO LIST | 오늘 반드시 하지 말아야 할 일 |
| | TO DO LIST | 오늘 해야 할 일과 준비물 |
| | 오늘의 마무리 | 오늘의 배운 점, 운동 여부, 하루의 소감 |

| Date | Category | Contents |
|---|---|---|
| Season 4<br><br>—<br><br>**Day 7**<br><br>월    일 | 오늘의 메시지 | 나 자신과의 목표와 약속 |
| | 오늘의 에너지 | 나를 살리는 힘이 되는 문장, 용기를 주는 구절, 짧은 감사일기 |
| | 오늘의 시너지 | 오늘 만나게 될 사람을 향한 감사와 기대하는 마음 |
| | NOT TO DO<br>LIST | 오늘 반드시 하지 말아야 할 일 |
| | TO DO LIST | 오늘 해야 할 일과 준비물 |
| | 오늘의 마무리 | 오늘의 배운 점, 운동 여부, 하루의 소감 |

# 행운은 공짜도
# 우연도 아니다

성공을 이루는 운은 가만히 앉아 있는데 하늘에서 떨어지는 복이 아니다. 기회를 볼 줄 아는 눈, 작은 것도 감사할 줄 아는 태도, 소중한 것을 지키고자 하는 욕심, 매 순간 목표에 안테나를 세우는 날카로운 감각. 이 모든 것들이 맞물려 만나는 것이 행운이다.

| Date | Category | Contents |
|---|---|---|
| Season 4<br><br>—<br><br>**Day 8**<br><br>월    일 | 오늘의 메시지 | 나 자신과의 목표와 약속 |
| | 오늘의 에너지 | 나를 살리는 힘이 되는 문장, 용기를 주는 구절, 짧은 감사일기 |
| | 오늘의 시너지 | 오늘 만나게 될 사람을 향한 감사와 기대하는 마음 |
| | NOT TO DO LIST | 오늘 반드시 하지 말아야 할 일 |
| | TO DO LIST | 오늘 해야 할 일과 준비물 |
| | 오늘의 마무리 | 오늘의 배운 점, 운동 여부, 하루의 소감 |

| Date | Category | Contents |
|---|---|---|
| Season 4 — **Day 9** 월 일 | 오늘의 메시지 | 나 자신과의 목표와 약속 |
| | 오늘의 에너지 | 나를 살리는 힘이 되는 문장, 용기를 주는 구절, 짧은 감사일기 |
| | 오늘의 시너지 | 오늘 만나게 될 사람을 향한 감사와 기대하는 마음 |
| | NOT TO DO LIST | 오늘 반드시 하지 말아야 할 일 |
| | TO DO LIST | 오늘 해야 할 일과 준비물 |
| | 오늘의 마무리 | 오늘의 배운 점, 운동 여부, 하루의 소감 |

| Date | Category | Contents |
|---|---|---|
| Season 4<br><br>—<br><br>**Day 10**<br><br>월    일 | 오늘의 메시지 | 나 자신과의 목표와 약속 |
| | 오늘의 에너지 | 나를 살리는 힘이 되는 문장, 용기를 주는 구절, 짧은 감사일기 |
| | 오늘의 시너지 | 오늘 만나게 될 사람을 향한 감사와 기대하는 마음 |
| | NOT TO DO<br>LIST | 오늘 반드시 하지 말아야 할 일 |
| | TO DO LIST | 오늘 해야 할 일과 준비물 |
| | 오늘의 마무리 | 오늘의 배운 점, 운동 여부, 하루의 소감 |

| Date | Category | Contents |
|---|---|---|
| Season 4 — **Day 11** 월 일 | 오늘의 메시지 | 나 자신과의 목표와 약속 |
| | 오늘의 에너지 | 나를 살리는 힘이 되는 문장, 용기를 주는 구절, 짧은 감사일기 |
| | 오늘의 시너지 | 오늘 만나게 될 사람을 향한 감사와 기대하는 마음 |
| | NOT TO DO LIST | 오늘 반드시 하지 말아야 할 일 |
| | TO DO LIST | 오늘 해야 할 일과 준비물 |
| | 오늘의 마무리 | 오늘의 배운 점, 운동 여부, 하루의 소감 |

| Date | Category | Contents |
|---|---|---|
| Season 4 — Day 12 월 일 | 오늘의 메시지 | 나 자신과의 목표와 약속 |
| | 오늘의 에너지 | 나를 살리는 힘이 되는 문장, 용기를 주는 구절, 짧은 감사일기 |
| | 오늘의 시너지 | 오늘 만나게 될 사람을 향한 감사와 기대하는 마음 |
| | NOT TO DO LIST | 오늘 반드시 하지 말아야 할 일 |
| | TO DO LIST | 오늘 해야 할 일과 준비물 |
| | 오늘의 마무리 | 오늘의 배운 점, 운동 여부, 하루의 소감 |

| Date | Category | Contents |
|---|---|---|
| Season 4 — **Day 13** 월    일 | 오늘의 메시지 | 나 자신과의 목표와 약속 |
| | 오늘의 에너지 | 나를 살리는 힘이 되는 문장, 용기를 주는 구절, 짧은 감사일기 |
| | 오늘의 시너지 | 오늘 만나게 될 사람을 향한 감사와 기대하는 마음 |
| | NOT TO DO LIST | 오늘 반드시 하지 말아야 할 일 |
| | TO DO LIST | 오늘 해야 할 일과 준비물 |
| | 오늘의 마무리 | 오늘의 배운 점, 운동 여부, 하루의 소감 |

| Date | Category | Contents |
|---|---|---|
| Season 4<br>—<br>**Day 14**<br>월   일 | 오늘의 메시지 | 나 자신과의 목표와 약속 |
| | 오늘의 에너지 | 나를 살리는 힘이 되는 문장, 용기를 주는 구절, 짧은 감사일기 |
| | 오늘의 시너지 | 오늘 만나게 될 사람을 향한 감사와 기대하는 마음 |
| | NOT TO DO<br>LIST | 오늘 반드시 하지 말아야 할 일 |
| | TO DO LIST | 오늘 해야 할 일과 준비물 |
| | 오늘의 마무리 | 오늘의 배운 점, 운동 여부, 하루의 소감 |

# 간절함은 다양한 모습으로
# 드러난다

꿈을 성취하는 사람들의 공통점은 가능성이 희박한 상황에서도 시도해봤다는 것, 될 때까지 해봤다는 것, 수단과 방법을 가리지 않고 동원했다는 것, 그 분야의 대가와 구루를 만나서 팁을 전수받았다는 것, 정신적 괴로움 속에서도 어떻게든 버텼다는 것이다.

| Date | Category | Contents |
|---|---|---|
| Season 4<br><br>—<br><br>**Day 15**<br><br>월    일 | 오늘의 메시지 | 나 자신과의 목표와 약속 |
| | 오늘의 에너지 | 나를 살리는 힘이 되는 문장, 용기를 주는 구절, 짧은 감사일기 |
| | 오늘의 시너지 | 오늘 만나게 될 사람을 향한 감사와 기대하는 마음 |
| | NOT TO DO<br>LIST | 오늘 반드시 하지 말아야 할 일 |
| | TO DO LIST | 오늘 해야 할 일과 준비물 |
| | 오늘의 마무리 | 오늘의 배운 점, 운동 여부, 하루의 소감 |

| Date | Category | Contents |
|---|---|---|
| **Season 4**<br>—<br>**Day 16**<br>월 일 | 오늘의 메시지 | 나 자신과의 목표와 약속 |
| | 오늘의 에너지 | 나를 살리는 힘이 되는 문장, 용기를 주는 구절, 짧은 감사일기 |
| | 오늘의 시너지 | 오늘 만나게 될 사람을 향한 감사와 기대하는 마음 |
| | NOT TO DO LIST | 오늘 반드시 하지 말아야 할 일 |
| | TO DO LIST | 오늘 해야 할 일과 준비물 |
| | 오늘의 마무리 | 오늘의 배운 점, 운동 여부, 하루의 소감 |

| Date | Category | Contents |
|---|---|---|
| Season 4<br><br>—<br><br>**Day 17**<br><br>월    일 | 오늘의 메시지 | 나 자신과의 목표와 약속 |
| | 오늘의 에너지 | 나를 살리는 힘이 되는 문장, 용기를 주는 구절, 짧은 감사일기 |
| | 오늘의 시너지 | 오늘 만나게 될 사람을 향한 감사와 기대하는 마음 |
| | NOT TO DO<br>LIST | 오늘 반드시 하지 말아야 할 일 |
| | TO DO LIST | 오늘 해야 할 일과 준비물 |
| | 오늘의 마무리 | 오늘의 배운 점, 운동 여부, 하루의 소감 |

| Date | Category | Contents |
|---|---|---|
| Season 4 — **Day 18** 월 일 | 오늘의 메시지 | 나 자신과의 목표와 약속 |
| | 오늘의 에너지 | 나를 살리는 힘이 되는 문장, 용기를 주는 구절, 짧은 감사일기 |
| | 오늘의 시너지 | 오늘 만나게 될 사람을 향한 감사와 기대하는 마음 |
| | NOT TO DO LIST | 오늘 반드시 하지 말아야 할 일 |
| | TO DO LIST | 오늘 해야 할 일과 준비물 |
| | 오늘의 마무리 | 오늘의 배운 점, 운동 여부, 하루의 소감 |

| Date | Category | Contents |
|---|---|---|
| **Season 4**<br><br>—<br><br>**Day 19**<br><br>월    일 | 오늘의 메시지 | 나 자신과의 목표와 약속 |
| | 오늘의 에너지 | 나를 살리는 힘이 되는 문장, 용기를 주는 구절, 짧은 감사일기 |
| | 오늘의 시너지 | 오늘 만나게 될 사람을 향한 감사와 기대하는 마음 |
| | NOT TO DO LIST | 오늘 반드시 하지 말아야 할 일 |
| | TO DO LIST | 오늘 해야 할 일과 준비물 |
| | 오늘의 마무리 | 오늘의 배운 점, 운동 여부, 하루의 소감 |

| Date | Category | Contents |
|---|---|---|
| Season 4 — **Day 20** 월 일 | 오늘의 메시지 | 나 자신과의 목표와 약속 |
| | 오늘의 에너지 | 나를 살리는 힘이 되는 문장, 용기를 주는 구절, 짧은 감사일기 |
| | 오늘의 시너지 | 오늘 만나게 될 사람을 향한 감사와 기대하는 마음 |
| | NOT TO DO LIST | 오늘 반드시 하지 말아야 할 일 |
| | TO DO LIST | 오늘 해야 할 일과 준비물 |
| | 오늘의 마무리 | 오늘의 배운 점, 운동 여부, 하루의 소감 |

| Date | Category | Contents |
|---|---|---|
| Season 4<br><br>—<br><br>**Day 21**<br><br>월    일 | 오늘의 메시지 | 나 자신과의 목표와 약속 |
| | 오늘의 에너지 | 나를 살리는 힘이 되는 문장. 용기를 주는 구절. 짧은 감사일기 |
| | 오늘의 시너지 | 오늘 만나게 될 사람을 향한 감사와 기대하는 마음 |
| | NOT TO DO LIST | 오늘 반드시 하지 말아야 할 일 |
| | TO DO LIST | 오늘 해야 할 일과 준비물 |
| | 오늘의 마무리 | 오늘의 배운 점. 운동 여부. 하루의 소감 |

# 위기를 기회로
# 반전시키는 방법

위기가 왔다. 예상치 못했던 최악의 순간이다. 아이러니하게도 위기를 극복할 수 있는 최고의 날은 오늘이다. 위기의 순간 내 반응과 태도에 따라 변수는 전화위복이 될 수 있다. 삶에 기회가 없는 것이 아니라, 기회를 해석하는 능력이 없는 것이다. 운명을 결정하는 것은 흘러가는 시간이 아니라 '나의 시각과 선택'임을 기억하자. 위기의 탈을 쓴 인생의 선물은 위기에 취해 절망하는 것이 아닌, 위기를 자세히 들여다보고 본질을 끄집어낼 때 보인다.

| Date | Category | Contents |
|---|---|---|
| Season 4<br><br>—<br><br>**Day 22**<br><br>월    일 | 오늘의 메시지 | 나 자신과의 목표와 약속 |
| | 오늘의 에너지 | 나를 살리는 힘이 되는 문장, 용기를 주는 구절, 짧은 감사일기 |
| | 오늘의 시너지 | 오늘 만나게 될 사람을 향한 감사와 기대하는 마음 |
| | NOT TO DO LIST | 오늘 반드시 하지 말아야 할 일 |
| | TO DO LIST | 오늘 해야 할 일과 준비물 |
| | 오늘의 마무리 | 오늘의 배운 점, 운동 여부, 하루의 소감 |

| Date | Category | Contents |
|---|---|---|
| Season 4 — **Day 23** 월 일 | 오늘의 메시지 | 나 자신과의 목표와 약속 |
| | 오늘의 에너지 | 나를 살리는 힘이 되는 문장, 용기를 주는 구절, 짧은 감사일기 |
| | 오늘의 시너지 | 오늘 만나게 될 사람을 향한 감사와 기대하는 마음 |
| | NOT TO DO LIST | 오늘 반드시 하지 말아야 할 일 |
| | TO DO LIST | 오늘 해야 할 일과 준비물 |
| | 오늘의 마무리 | 오늘의 배운 점, 운동 여부, 하루의 소감 |

| Date | Category | Contents |
|---|---|---|
| Season 4 — **Day 24** 월 일 | 오늘의 메시지 | 나 자신과의 목표와 약속 |
| | 오늘의 에너지 | 나를 살리는 힘이 되는 문장, 용기를 주는 구절, 짧은 감사일기 |
| | 오늘의 시너지 | 오늘 만나게 될 사람을 향한 감사와 기대하는 마음 |
| | NOT TO DO LIST | 오늘 반드시 하지 말아야 할 일 |
| | TO DO LIST | 오늘 해야 할 일과 준비물 |
| | 오늘의 마무리 | 오늘의 배운 점, 운동 여부, 하루의 소감 |

| Date | Category | Contents |
|---|---|---|
| Season 4 — **Day 25** 월   일 | 오늘의 메시지 | 나 자신과의 목표와 약속 |
| | 오늘의 에너지 | 나를 살리는 힘이 되는 문장, 용기를 주는 구절, 짧은 감사일기 |
| | 오늘의 시너지 | 오늘 만나게 될 사람을 향한 감사와 기대하는 마음 |
| | NOT TO DO LIST | 오늘 반드시 하지 말아야 할 일 |
| | TO DO LIST | 오늘 해야 할 일과 준비물 |
| | 오늘의 마무리 | 오늘의 배운 점, 운동 여부, 하루의 소감 |

| Date | Category | Contents |
|---|---|---|
| Season 4 — **Day 26** 월 일 | 오늘의 메시지 | 나 자신과의 목표와 약속 |
| | 오늘의 에너지 | 나를 살리는 힘이 되는 문장, 용기를 주는 구절, 짧은 감사일기 |
| | 오늘의 시너지 | 오늘 만나게 될 사람을 향한 감사와 기대하는 마음 |
| | NOT TO DO LIST | 오늘 반드시 하지 말아야 할 일 |
| | TO DO LIST | 오늘 해야 할 일과 준비물 |
| | 오늘의 마무리 | 오늘의 배운 점, 운동 여부, 하루의 소감 |

| Date | Category | Contents |
|---|---|---|
| Season 4 — **Day 27** 월 일 | 오늘의 메시지 | 나 자신과의 목표와 약속 |
| | 오늘의 에너지 | 나를 살리는 힘이 되는 문장, 용기를 주는 구절, 짧은 감사일기 |
| | 오늘의 시너지 | 오늘 만나게 될 사람을 향한 감사와 기대하는 마음 |
| | NOT TO DO LIST | 오늘 반드시 하지 말아야 할 일 |
| | TO DO LIST | 오늘 해야 할 일과 준비물 |
| | 오늘의 마무리 | 오늘의 배운 점, 운동 여부, 하루의 소감 |

| Date | Category | Contents |
|---|---|---|
| Season 4 — **Day 28** 월 일 | 오늘의 메시지 | 나 자신과의 목표와 약속 |
| | 오늘의 에너지 | 나를 살리는 힘이 되는 문장, 용기를 주는 구절, 짧은 감사일기 |
| | 오늘의 시너지 | 오늘 만나게 될 사람을 향한 감사와 기대하는 마음 |
| | NOT TO DO LIST | 오늘 반드시 하지 말아야 할 일 |
| | TO DO LIST | 오늘 해야 할 일과 준비물 |
| | 오늘의 마무리 | 오늘의 배운 점, 운동 여부, 하루의 소감 |

# 최고의 당신은
# 언제 모습이 드러나는가

어떻게 할 때 나의 최고가 발현되는지 스스로 알고 있어야 한다. 그
것이 사면초가 벼랑 끝 환경인지, 지고 싶지 않은 자존심과 경쟁심
인지, 내가 나를 볼 때 #존멋이라고 감탄하는 나르시시즘인지, 내
인생 내 원칙대로 살고 싶은 주인의식이든지, 절대 성공할 수밖에
없는 심리적 환경적 조건을 먼저 파악하고 그 환경에 나를 접속시
켜라.

| Date | Category | Contents |
|---|---|---|
| Season 4 — **Day 29** 월   일 | 오늘의 메시지 | 나 자신과의 목표와 약속 |
| | 오늘의 에너지 | 나를 살리는 힘이 되는 문장, 용기를 주는 구절, 짧은 감사일기 |
| | 오늘의 시너지 | 오늘 만나게 될 사람을 향한 감사와 기대하는 마음 |
| | NOT TO DO LIST | 오늘 반드시 하지 말아야 할 일 |
| | TO DO LIST | 오늘 해야 할 일과 준비물 |
| | 오늘의 마무리 | 오늘의 배운 점, 운동 여부, 하루의 소감 |

| Date | Category | Contents |
|---|---|---|
| Season 4 — **Day 30** 월  일 | 오늘의 메시지 | 나 자신과의 목표와 약속 |
| | 오늘의 에너지 | 나를 살리는 힘이 되는 문장. 용기를 주는 구절. 짧은 감사일기 |
| | 오늘의 시너지 | 오늘 만나게 될 사람을 향한 감사와 기대하는 마음 |
| | NOT TO DO LIST | 오늘 반드시 하지 말아야 할 일 |
| | TO DO LIST | 오늘 해야 할 일과 준비물 |
| | 오늘의 마무리 | 오늘의 배운 점. 운동 여부, 하루의 소감 |

| Date | Category | Contents |
|---|---|---|
| Season 4 — **Day 31** 월    일 | 오늘의 메시지 | 나 자신과의 목표와 약속 |
| | 오늘의 에너지 | 나를 살리는 힘이 되는 문장, 용기를 주는 구절, 짧은 감사일기 |
| | 오늘의 시너지 | 오늘 만나게 될 사람을 향한 감사와 기대하는 마음 |
| | NOT TO DO LIST | 오늘 반드시 하지 말아야 할 일 |
| | TO DO LIST | 오늘 해야 할 일과 준비물 |
| | 오늘의 마무리 | 오늘의 배운 점, 운동 여부, 하루의 소감 |

| Date | Category | Contents |
|---|---|---|
| Season 4 — **Day 32** 월    일 | 오늘의 메시지 | 나 자신과의 목표와 약속 |
| | 오늘의 에너지 | 나를 살리는 힘이 되는 문장, 용기를 주는 구절, 짧은 감사일기 |
| | 오늘의 시너지 | 오늘 만나게 될 사람을 향한 감사와 기대하는 마음 |
| | NOT TO DO LIST | 오늘 반드시 하지 말아야 할 일 |
| | TO DO LIST | 오늘 해야 할 일과 준비물 |
| | 오늘의 마무리 | 오늘의 배운 점, 운동 여부, 하루의 소감 |

| Date | Category | Contents |
|---|---|---|
| Season 4<br><br>—<br><br>**Day 33**<br><br>월    일 | 오늘의 메시지 | 나 자신과의 목표와 약속 |
| | 오늘의 에너지 | 나를 살리는 힘이 되는 문장, 용기를 주는 구절, 짧은 감사일기 |
| | 오늘의 시너지 | 오늘 만나게 될 사람을 향한 감사와 기대하는 마음 |
| | NOT TO DO LIST | 오늘 반드시 하지 말아야 할 일 |
| | TO DO LIST | 오늘 해야 할 일과 준비물 |
| | 오늘의 마무리 | 오늘의 배운 점, 운동 여부, 하루의 소감 |

| Date | Category | Contents |
|---|---|---|
| Season 4<br>—<br>**Day 34**<br>월    일 | 오늘의 메시지 | 나 자신과의 목표와 약속 |
| | 오늘의 에너지 | 나를 살리는 힘이 되는 문장. 용기를 주는 구절. 짧은 감사일기 |
| | 오늘의 시너지 | 오늘 만나게 될 사람을 향한 감사와 기대하는 마음 |
| | NOT TO DO<br>LIST | 오늘 반드시 하지 말아야 할 일 |
| | TO DO LIST | 오늘 해야 할 일과 준비물 |
| | 오늘의 마무리 | 오늘의 배운 점. 운동 여부. 하루의 소감 |

| Date | Category | Contents |
|---|---|---|
| Season 4 — **Day 35** 월    일 | 오늘의 메시지 | 나 자신과의 목표와 약속 |
| | 오늘의 에너지 | 나를 살리는 힘이 되는 문장, 용기를 주는 구절, 짧은 감사일기 |
| | 오늘의 시너지 | 오늘 만나게 될 사람을 향한 감사와 기대하는 마음 |
| | NOT TO DO LIST | 오늘 반드시 하지 말아야 할 일 |
| | TO DO LIST | 오늘 해야 할 일과 준비물 |
| | 오늘의 마무리 | 오늘의 배운 점, 운동 여부, 하루의 소감 |

# 학력은 두뇌가 아니라
# 자세의 표현이다

학창시절 성적표나 학력이 드러내는 건 아이큐가 아니라 끈기와 성실함이다. 공부를 잘 해서 인정받는 게 아니라, 십수 년간 꾸준히 집중해온 그 자세와 태도에 점수를 받는 것이다. 이것은 단 한 번의 시험이나, 단 한 번의 면접으로는 볼 수 없는, 그 사람의 인생 태도에 관한 거의 확실한 보증수표다.

| Date | Category | Contents |
|---|---|---|
| Season 4 — **Day 36** 월 일 | 오늘의 메시지 | 나 자신과의 목표와 약속 |
| | 오늘의 에너지 | 나를 살리는 힘이 되는 문장, 용기를 주는 구절, 짧은 감사일기 |
| | 오늘의 시너지 | 오늘 만나게 될 사람을 향한 감사와 기대하는 마음 |
| | NOT TO DO LIST | 오늘 반드시 하지 말아야 할 일 |
| | TO DO LIST | 오늘 해야 할 일과 준비물 |
| | 오늘의 마무리 | 오늘의 배운 점, 운동 여부, 하루의 소감 |

| Date | Category | Contents |
|---|---|---|
| Season 4 — **Day 37** 월 일 | 오늘의 메시지 | 나 자신과의 목표와 약속 |
| | 오늘의 에너지 | 나를 살리는 힘이 되는 문장, 용기를 주는 구절, 짧은 감사일기 |
| | 오늘의 시너지 | 오늘 만나게 될 사람을 향한 감사와 기대하는 마음 |
| | NOT TO DO LIST | 오늘 반드시 하지 말아야 할 일 |
| | TO DO LIST | 오늘 해야 할 일과 준비물 |
| | 오늘의 마무리 | 오늘의 배운 점, 운동 여부, 하루의 소감 |

| Date | Category | Contents |
|---|---|---|
| Season 4 — **Day 38** 월 일 | 오늘의 메시지 | 나 자신과의 목표와 약속 |
| | 오늘의 에너지 | 나를 살리는 힘이 되는 문장, 용기를 주는 구절, 짧은 감사일기 |
| | 오늘의 시너지 | 오늘 만나게 될 사람을 향한 감사와 기대하는 마음 |
| | NOT TO DO LIST | 오늘 반드시 하지 말아야 할 일 |
| | TO DO LIST | 오늘 해야 할 일과 준비물 |
| | 오늘의 마무리 | 오늘의 배운 점, 운동 여부, 하루의 소감 |

| Date | Category | Contents |
|---|---|---|
| Season 4<br><br>—<br><br>**Day 39**<br><br>월   일 | 오늘의 메시지 | 나 자신과의 목표와 약속 |
| | 오늘의 에너지 | 나를 살리는 힘이 되는 문장, 용기를 주는 구절, 짧은 감사일기 |
| | 오늘의 시너지 | 오늘 만나게 될 사람을 향한 감사와 기대하는 마음 |
| | NOT TO DO LIST | 오늘 반드시 하지 말아야 할 일 |
| | TO DO LIST | 오늘 해야 할 일과 준비물 |
| | 오늘의 마무리 | 오늘의 배운 점, 운동 여부, 하루의 소감 |

| Date | Category | Contents |
|---|---|---|
| Season 4<br><br>—<br><br>**Day 40**<br><br>월   일 | 오늘의 메시지 | 나 자신과의 목표와 약속 |
| | 오늘의 에너지 | 나를 살리는 힘이 되는 문장, 용기를 주는 구절, 짧은 감사일기 |
| | 오늘의 시너지 | 오늘 만나게 될 사람을 향한 감사와 기대하는 마음 |
| | NOT TO DO<br>LIST | 오늘 반드시 하지 말아야 할 일 |
| | TO DO LIST | 오늘 해야 할 일과 준비물 |
| | 오늘의 마무리 | 오늘의 배운 점, 운동 여부, 하루의 소감 |

| Date | Category | Contents |
|---|---|---|
| **Season 4**<br>—<br>**Day 41**<br>월　일 | 오늘의 메시지 | 나 자신과의 목표와 약속 |
| | 오늘의 에너지 | 나를 살리는 힘이 되는 문장, 용기를 주는 구절, 짧은 감사일기 |
| | 오늘의 시너지 | 오늘 만나게 될 사람을 향한 감사와 기대하는 마음 |
| | NOT TO DO LIST | 오늘 반드시 하지 말아야 할 일 |
| | TO DO LIST | 오늘 해야 할 일과 준비물 |
| | 오늘의 마무리 | 오늘의 배운 점, 운동 여부, 하루의 소감 |

| Date | Category | Contents |
|---|---|---|
| **Season 4**<br>—<br>**Day 42**<br>월   일 | 오늘의 메시지 | 나 자신과의 목표와 약속 |
| | 오늘의 에너지 | 나를 살리는 힘이 되는 문장, 용기를 주는 구절, 짧은 감사일기 |
| | 오늘의 시너지 | 오늘 만나게 될 사람을 향한 감사와 기대하는 마음 |
| | NOT TO DO LIST | 오늘 반드시 하지 말아야 할 일 |
| | TO DO LIST | 오늘 해야 할 일과 준비물 |
| | 오늘의 마무리 | 오늘의 배운 점, 운동 여부, 하루의 소감 |

# 철이 든다는 것은
# 귀가 열린다는 것

살면서 새로운 지식을 받아들일 준비가 되는 시기가 있다. 이론적 습득과 물리적 경험을 통해 서서히 자세가 준비된다. 그 자세가 완성된 후에 비로소 우리는 무언가를 관대한 마음과 아량으로 납득과 이해를 하게 된다. 그 전에는 아무리 귀에 갖다 대고 말해도, 눈앞에 보여주어도 듣지 못하고 보지 못한다. 철이 든다는 것은 그런 것이다. 눈과 귀가 밝아진다는 건 그런 것이다.

| Date | Category | Contents |
|---|---|---|
| **Season 4**<br><br>—<br><br>**Day 43**<br><br>월    일 | 오늘의 메시지 | 나 자신과의 목표와 약속 |
| | 오늘의 에너지 | 나를 살리는 힘이 되는 문장, 용기를 주는 구절, 짧은 감사일기 |
| | 오늘의 시너지 | 오늘 만나게 될 사람을 향한 감사와 기대하는 마음 |
| | NOT TO DO LIST | 오늘 반드시 하지 말아야 할 일 |
| | TO DO LIST | 오늘 해야 할 일과 준비물 |
| | 오늘의 마무리 | 오늘의 배운 점, 운동 여부, 하루의 소감 |

| Date | Category | Contents |
|---|---|---|
| Season 4<br><br>—<br><br>**Day 44**<br><br>월   일 | 오늘의 메시지 | 나 자신과의 목표와 약속 |
| | 오늘의 에너지 | 나를 살리는 힘이 되는 문장, 용기를 주는 구절, 짧은 감사일기 |
| | 오늘의 시너지 | 오늘 만나게 될 사람을 향한 감사와 기대하는 마음 |
| | NOT TO DO LIST | 오늘 반드시 하지 말아야 할 일 |
| | TO DO LIST | 오늘 해야 할 일과 준비물 |
| | 오늘의 마무리 | 오늘의 배운 점, 운동 여부, 하루의 소감 |

| Date | Category | Contents |
|---|---|---|
| Season 4<br><br>—<br><br>**Day 45**<br><br>월   일 | 오늘의 메시지 | 나 자신과의 목표와 약속 |
| | 오늘의 에너지 | 나를 살리는 힘이 되는 문장, 용기를 주는 구절, 짧은 감사일기 |
| | 오늘의 시너지 | 오늘 만나게 될 사람을 향한 감사와 기대하는 마음 |
| | NOT TO DO<br>LIST | 오늘 반드시 하지 말아야 할 일 |
| | TO DO LIST | 오늘 해야 할 일과 준비물 |
| | 오늘의 마무리 | 오늘의 배운 점, 운동 여부, 하루의 소감 |

| Date | Category | Contents |
|---|---|---|
| Season 4 — **Day 46** 월 일 | 오늘의 메시지 | 나 자신과의 목표와 약속 |
| | 오늘의 에너지 | 나를 살리는 힘이 되는 문장, 용기를 주는 구절, 짧은 감사일기 |
| | 오늘의 시너지 | 오늘 만나게 될 사람을 향한 감사와 기대하는 마음 |
| | NOT TO DO LIST | 오늘 반드시 하지 말아야 할 일 |
| | TO DO LIST | 오늘 해야 할 일과 준비물 |
| | 오늘의 마무리 | 오늘의 배운 점, 운동 여부, 하루의 소감 |

| Date | Category | Contents |
|---|---|---|
| Season 4 — **Day 47** 월 일 | 오늘의 메시지 | 나 자신과의 목표와 약속 |
| | 오늘의 에너지 | 나를 살리는 힘이 되는 문장, 용기를 주는 구절, 짧은 감사일기 |
| | 오늘의 시너지 | 오늘 만나게 될 사람을 향한 감사와 기대하는 마음 |
| | NOT TO DO LIST | 오늘 반드시 하지 말아야 할 일 |
| | TO DO LIST | 오늘 해야 할 일과 준비물 |
| | 오늘의 마무리 | 오늘의 배운 점, 운동 여부, 하루의 소감 |

| Date | Category | Contents |
|---|---|---|
| Season 4<br><br>—<br><br>**Day 48**<br><br>월    일 | 오늘의 메시지 | 나 자신과의 목표와 약속 |
| | 오늘의 에너지 | 나를 살리는 힘이 되는 문장, 용기를 주는 구절, 짧은 감사일기 |
| | 오늘의 시너지 | 오늘 만나게 될 사람을 향한 감사와 기대하는 마음 |
| | NOT TO DO LIST | 오늘 반드시 하지 말아야 할 일 |
| | TO DO LIST | 오늘 해야 할 일과 준비물 |
| | 오늘의 마무리 | 오늘의 배운 점. 운동 여부, 하루의 소감 |

| Date | Category | Contents |
|---|---|---|
| Season 4 — **Day 49** 월 일 | 오늘의 메시지 | 나 자신과의 목표와 약속 |
| | 오늘의 에너지 | 나를 살리는 힘이 되는 문장, 용기를 주는 구절, 짧은 감사일기 |
| | 오늘의 시너지 | 오늘 만나게 될 사람을 향한 감사와 기대하는 마음 |
| | NOT TO DO LIST | 오늘 반드시 하지 말아야 할 일 |
| | TO DO LIST | 오늘 해야 할 일과 준비물 |
| | 오늘의 마무리 | 오늘의 배운 점, 운동 여부, 하루의 소감 |

# 낮출 때 높아진다

위대해지고 싶다면 희생을 감수해야 한다. 남보다 높아지려는 이기심, 남들은 어찌되었건 나만 잘 되면 된다는 욕심으로는 성공을 오래 지속할 수 없다. 사람들은 촉과 감이 있어서 굳이 말로 드러내지 않아도 일상 속에서 상대방의 성품과 인성을 확인한다. 자신을 낮추는 사람은 어디에서 무엇을 하건 존경과 사랑을 받는다. 자신을 드러내려 애쓰는 사람은 언제 어디서나 밉상이다.

| Date | Category | Contents |
|---|---|---|
| **Season 4**<br>—<br>**Day 50**<br>월 일 | 오늘의 메시지 | 나 자신과의 목표와 약속 |
| | 오늘의 에너지 | 나를 살리는 힘이 되는 문장, 용기를 주는 구절, 짧은 감사일기 |
| | 오늘의 시너지 | 오늘 만나게 될 사람을 향한 감사와 기대하는 마음 |
| | NOT TO DO LIST | 오늘 반드시 하지 말아야 할 일 |
| | TO DO LIST | 오늘 해야 할 일과 준비물 |
| | 오늘의 마무리 | 오늘의 배운 점, 운동 여부, 하루의 소감 |

| Date | Category | Contents |
|---|---|---|
| Season 4<br>—<br>**Day 51**<br>월 일 | 오늘의 메시지 | 나 자신과의 목표와 약속 |
| | 오늘의 에너지 | 나를 살리는 힘이 되는 문장, 용기를 주는 구절, 짧은 감사일기 |
| | 오늘의 시너지 | 오늘 만나게 될 사람을 향한 감사와 기대하는 마음 |
| | NOT TO DO<br>LIST | 오늘 반드시 하지 말아야 할 일 |
| | TO DO LIST | 오늘 해야 할 일과 준비물 |
| | 오늘의 마무리 | 오늘의 배운 점, 운동 여부, 하루의 소감 |

| Date | Category | Contents |
|---|---|---|
| Season 4 — **Day 52** 월 일 | 오늘의 메시지 | 나 자신과의 목표와 약속 |
| | 오늘의 에너지 | 나를 살리는 힘이 되는 문장, 용기를 주는 구절, 짧은 감사일기 |
| | 오늘의 시너지 | 오늘 만나게 될 사람을 향한 감사와 기대하는 마음 |
| | NOT TO DO LIST | 오늘 반드시 하지 말아야 할 일 |
| | TO DO LIST | 오늘 해야 할 일과 준비물 |
| | 오늘의 마무리 | 오늘의 배운 점, 운동 여부, 하루의 소감 |

| Date | Category | Contents |
|---|---|---|
| Season 4 — **Day 53** 월   일 | 오늘의 메시지 | 나 자신과의 목표와 약속 |
| | 오늘의 에너지 | 나를 살리는 힘이 되는 문장, 용기를 주는 구절, 짧은 감사일기 |
| | 오늘의 시너지 | 오늘 만나게 될 사람을 향한 감사와 기대하는 마음 |
| | NOT TO DO LIST | 오늘 반드시 하지 말아야 할 일 |
| | TO DO LIST | 오늘 해야 할 일과 준비물 |
| | 오늘의 마무리 | 오늘의 배운 점, 운동 여부, 하루의 소감 |

| Date | Category | Contents |
|---|---|---|
| Season 4<br><br>—<br><br>**Day 54**<br><br>월    일 | 오늘의 메시지 | 나 자신과의 목표와 약속 |
| | 오늘의 에너지 | 나를 살리는 힘이 되는 문장, 용기를 주는 구절, 짧은 감사일기 |
| | 오늘의 시너지 | 오늘 만나게 될 사람을 향한 감사와 기대하는 마음 |
| | NOT TO DO LIST | 오늘 반드시 하지 말아야 할 일 |
| | TO DO LIST | 오늘 해야 할 일과 준비물 |
| | 오늘의 마무리 | 오늘의 배운 점, 운동 여부, 하루의 소감 |

| Date | Category | Contents |
|---|---|---|
| Season 4 — **Day 55** 월  일 | 오늘의 메시지 | 나 자신과의 목표와 약속 |
| | 오늘의 에너지 | 나를 살리는 힘이 되는 문장, 용기를 주는 구절, 짧은 감사일기 |
| | 오늘의 시너지 | 오늘 만나게 될 사람을 향한 감사와 기대하는 마음 |
| | NOT TO DO LIST | 오늘 반드시 하지 말아야 할 일 |
| | TO DO LIST | 오늘 해야 할 일과 준비물 |
| | 오늘의 마무리 | 오늘의 배운 점, 운동 여부, 하루의 소감 |

| Date | Category | Contents |
|---|---|---|
| Season 4<br><br>—<br><br>**Day 56**<br><br>월    일 | 오늘의 메시지 | 나 자신과의 목표와 약속 |
| | 오늘의 에너지 | 나를 살리는 힘이 되는 문장, 용기를 주는 구절, 짧은 감사일기 |
| | 오늘의 시너지 | 오늘 만나게 될 사람을 향한 감사와 기대하는 마음 |
| | NOT TO DO<br>LIST | 오늘 반드시 하지 말아야 할 일 |
| | TO DO LIST | 오늘 해야 할 일과 준비물 |
| | 오늘의 마무리 | 오늘의 배운 점, 운동 여부, 하루의 소감 |

# 구겨짐은 약함이 아니라
# 강함이다

빳빳하게 펴진 만 원짜리는 멀리 날 수 없지만, 뭉쳐서 동그랗게 구기면 던졌을 때 훨씬 멀리 날아간다. 단단해지는 방법은 더 구겨지는 것뿐이다. 목을 꼿꼿이 세우고 콧대를 높이면 비좁은 통로를 지나가기 어렵다. 성공은 아무나 편히 지나갈 수 있는 탄탄대로가 아니라서 나를 낮추고 숙이고 불편한 자세도 감수할 때 보게 되는 밝은 빛이다. 이런 모든 과정은 수고스럽고 낭비 같고 수치스럽고 막막하겠지만, 반드시 끝이 있다. 만 원은 구겨져도 만 원이고, 은행에서 갓 나온 만 원보다 산전수전 공중전 겪으며 세상살이 해보고 내 손에 들어온 만 원에 더 깊은 역사가 있다.

| Date | Category | Contents |
|---|---|---|
| Season 4<br>—<br>**Day 57**<br>월    일 | 오늘의 메시지 | 나 자신과의 목표와 약속 |
| | 오늘의 에너지 | 나를 살리는 힘이 되는 문장, 용기를 주는 구절, 짧은 감사일기 |
| | 오늘의 시너지 | 오늘 만나게 될 사람을 향한 감사와 기대하는 마음 |
| | NOT TO DO<br>LIST | 오늘 반드시 하지 말아야 할 일 |
| | TO DO LIST | 오늘 해야 할 일과 준비물 |
| | 오늘의 마무리 | 오늘의 배운 점, 운동 여부, 하루의 소감 |

| Date | Category | Contents |
|---|---|---|
| Season 4<br>—<br>**Day 58**<br>월    일 | 오늘의 메시지 | 나 자신과의 목표와 약속 |
| | 오늘의 에너지 | 나를 살리는 힘이 되는 문장, 용기를 주는 구절, 짧은 감사일기 |
| | 오늘의 시너지 | 오늘 만나게 될 사람을 향한 감사와 기대하는 마음 |
| | NOT TO DO<br>LIST | 오늘 반드시 하지 말아야 할 일 |
| | TO DO LIST | 오늘 해야 할 일과 준비물 |
| | 오늘의 마무리 | 오늘의 배운 점, 운동 여부, 하루의 소감 |

| Date | Category | Contents |
|---|---|---|
| Season 4 — **Day 59** 월  일 | 오늘의 메시지 | 나 자신과의 목표와 약속 |
| | 오늘의 에너지 | 나를 살리는 힘이 되는 문장, 용기를 주는 구절, 짧은 감사일기 |
| | 오늘의 시너지 | 오늘 만나게 될 사람을 향한 감사와 기대하는 마음 |
| | NOT TO DO LIST | 오늘 반드시 하지 말아야 할 일 |
| | TO DO LIST | 오늘 해야 할 일과 준비물 |
| | 오늘의 마무리 | 오늘의 배운 점, 운동 여부, 하루의 소감 |

| Date | Category | Contents |
|---|---|---|
| Season 4 — **Day 60** 월  일 | 오늘의 메시지 | 나 자신과의 목표와 약속 |
| | 오늘의 에너지 | 나를 살리는 힘이 되는 문장, 용기를 주는 구절, 짧은 감사일기 |
| | 오늘의 시너지 | 오늘 만나게 될 사람을 향한 감사와 기대하는 마음 |
| | NOT TO DO LIST | 오늘 반드시 하지 말아야 할 일 |
| | TO DO LIST | 오늘 해야 할 일과 준비물 |
| | 오늘의 마무리 | 오늘의 배운 점, 운동 여부, 하루의 소감 |

| Date | Category | Contents |
|---|---|---|
| Season 4 — **Day 61** 월   일 | 오늘의 메시지 | 나 자신과의 목표와 약속 |
| | 오늘의 에너지 | 나를 살리는 힘이 되는 문장, 용기를 주는 구절, 짧은 감사일기 |
| | 오늘의 시너지 | 오늘 만나게 될 사람을 향한 감사와 기대하는 마음 |
| | NOT TO DO LIST | 오늘 반드시 하지 말아야 할 일 |
| | TO DO LIST | 오늘 해야 할 일과 준비물 |
| | 오늘의 마무리 | 오늘의 배운 점, 운동 여부, 하루의 소감 |

| Date | Category | Contents |
|---|---|---|
| Season 4 — **Day 62** 월    일 | 오늘의 메시지 | 나 자신과의 목표와 약속 |
| | 오늘의 에너지 | 나를 살리는 힘이 되는 문장, 용기를 주는 구절, 짧은 감사일기 |
| | 오늘의 시너지 | 오늘 만나게 될 사람을 향한 감사와 기대하는 마음 |
| | NOT TO DO LIST | 오늘 반드시 하지 말아야 할 일 |
| | TO DO LIST | 오늘 해야 할 일과 준비물 |
| | 오늘의 마무리 | 오늘의 배운 점, 운동 여부, 하루의 소감 |

| Date | Category | Contents |
|---|---|---|
| Season 4<br>—<br>**Day 63**<br>월    일 | 오늘의 메시지 | 나 자신과의 목표와 약속 |
| | 오늘의 에너지 | 나를 살리는 힘이 되는 문장, 용기를 주는 구절, 짧은 감사일기 |
| | 오늘의 시너지 | 오늘 만나게 될 사람을 향한 감사와 기대하는 마음 |
| | NOT TO DO LIST | 오늘 반드시 하지 말아야 할 일 |
| | TO DO LIST | 오늘 해야 할 일과 준비물 |
| | 오늘의 마무리 | 오늘의 배운 점, 운동 여부, 하루의 소감 |

# 저도 잘 모릅니다
# 더 배워야 합니다

먼저 잘 배우려는 태도, 좋은 제자가 되려는 태도를 갖자. 될 성 부른 잎은 떡잎부터 다르다는 속담은 옳다. '아무 것도 모릅니다, 처음부터 다 배우겠습니다'라는 태도는 많은 것을 드러낸다. 배우려고 할 때 스승이 붙고, 잘 보고 따라하려 할 때 지름길을 찾게 된다. 이것은 프로와 아마추어를 가르는 분명한 기준이다. 프로는 겸손한 배움을 통해 꾸준히 새 마음을 채운다. 알량한 지식과 가벼운 태도를 버리고, 정직한 자세로 배움 앞에 겸손하라. 꾸준히 채움 받을 때 비로소 좋은 스승이 된다.

| Date | Category | Contents |
|---|---|---|
| Season 4<br><br>—<br><br>**Day 64**<br><br>월    일 | 오늘의 메시지 | 나 자신과의 목표와 약속 |
| | 오늘의 에너지 | 나를 살리는 힘이 되는 문장, 용기를 주는 구절, 짧은 감사일기 |
| | 오늘의 시너지 | 오늘 만나게 될 사람을 향한 감사와 기대하는 마음 |
| | NOT TO DO LIST | 오늘 반드시 하지 말아야 할 일 |
| | TO DO LIST | 오늘 해야 할 일과 준비물 |
| | 오늘의 마무리 | 오늘의 배운 점, 운동 여부, 하루의 소감 |

| Date | Category | Contents |
|---|---|---|
| Season 4 — **Day 65** 월   일 | 오늘의 메시지 | 나 자신과의 목표와 약속 |
| | 오늘의 에너지 | 나를 살리는 힘이 되는 문장, 용기를 주는 구절, 짧은 감사일기 |
| | 오늘의 시너지 | 오늘 만나게 될 사람을 향한 감사와 기대하는 마음 |
| | NOT TO DO LIST | 오늘 반드시 하지 말아야 할 일 |
| | TO DO LIST | 오늘 해야 할 일과 준비물 |
| | 오늘의 마무리 | 오늘의 배운 점, 운동 여부, 하루의 소감 |

| Date | Category | Contents |
|---|---|---|
| Season 4 — **Day 66** 월 일 | 오늘의 메시지 | 나 자신과의 목표와 약속 |
| | 오늘의 에너지 | 나를 살리는 힘이 되는 문장, 용기를 주는 구절, 짧은 감사일기 |
| | 오늘의 시너지 | 오늘 만나게 될 사람을 향한 감사와 기대하는 마음 |
| | NOT TO DO LIST | 오늘 반드시 하지 말아야 할 일 |
| | TO DO LIST | 오늘 해야 할 일과 준비물 |
| | 오늘의 마무리 | 오늘의 배운 점, 운동 여부, 하루의 소감 |

| Date | Category | Contents |
|---|---|---|
| Season 4 — **Day 67** 월 일 | 오늘의 메시지 | 나 자신과의 목표와 약속 |
| | 오늘의 에너지 | 나를 살리는 힘이 되는 문장, 용기를 주는 구절, 짧은 감사일기 |
| | 오늘의 시너지 | 오늘 만나게 될 사람을 향한 감사와 기대하는 마음 |
| | NOT TO DO LIST | 오늘 반드시 하지 말아야 할 일 |
| | TO DO LIST | 오늘 해야 할 일과 준비물 |
| | 오늘의 마무리 | 오늘의 배운 점, 운동 여부, 하루의 소감 |

| Date | Category | Contents |
|---|---|---|
| Season 4 — **Day 68** 월   일 | 오늘의 메시지 | 나 자신과의 목표와 약속 |
| | 오늘의 에너지 | 나를 살리는 힘이 되는 문장, 용기를 주는 구절, 짧은 감사일기 |
| | 오늘의 시너지 | 오늘 만나게 될 사람을 향한 감사와 기대하는 마음 |
| | NOT TO DO LIST | 오늘 반드시 하지 말아야 할 일 |
| | TO DO LIST | 오늘 해야 할 일과 준비물 |
| | 오늘의 마무리 | 오늘의 배운 점, 운동 여부, 하루의 소감 |

| Date | Category | Contents |
|---|---|---|
| Season 4 — **Day 69** 월 일 | 오늘의 메시지 | 나 자신과의 목표와 약속 |
| | 오늘의 에너지 | 나를 살리는 힘이 되는 문장, 용기를 주는 구절, 짧은 감사일기 |
| | 오늘의 시너지 | 오늘 만나게 될 사람을 향한 감사와 기대하는 마음 |
| | NOT TO DO LIST | 오늘 반드시 하지 말아야 할 일 |
| | TO DO LIST | 오늘 해야 할 일과 준비물 |
| | 오늘의 마무리 | 오늘의 배운 점, 운동 여부, 하루의 소감 |

| Date | Category | Contents |
|---|---|---|
| Season 4 — **Day 70** 월   일 | 오늘의 메시지 | 나 자신과의 목표와 약속 |
| | 오늘의 에너지 | 나를 살리는 힘이 되는 문장, 용기를 주는 구절, 짧은 감사일기 |
| | 오늘의 시너지 | 오늘 만나게 될 사람을 향한 감사와 기대하는 마음 |
| | NOT TO DO LIST | 오늘 반드시 하지 말아야 할 일 |
| | TO DO LIST | 오늘 해야 할 일과 준비물 |
| | 오늘의 마무리 | 오늘의 배운 점, 운동 여부, 하루의 소감 |

# 절대 포기 못하는 무엇

스스로 품게 된 열정이 있다면, 외부 자극은 그 어떤 것도 필요치 않다. 누군가 자극을 줘야만 열정이 생긴다면 아직 그 일에 흠뻑 빠지지 않았다는 증거이며, 그 일을 해야만 하는 이유가 불분명하다는 의미다. 그렇게 하는 일은 오래가지 못한다. 극도로 섬세하고 내성적인 사람도 간절한 목표 앞에서는 누구보다 과감해질 수 있다. 처음 품었던 도전의 불씨를 꺼뜨리지 말고 계속 태워보자. 여러 번의 시험이 있겠지만 그건 당신이 모자라서, 운이 나빠서 겪는 고난이 아니라 도전하는 모든 자들이 경험하는 통과의례다. 난 안 된다고 결론 내리기 전에 포기할 수 없는 목표가 있는지부터 점검하자.

# SEASON 5

다섯 번째 70일

## 긍정을 채우는 시간

선포는 내 입술의 언어로 펼치는 인생 길이다.
레드카펫을 깔듯, 내 앞에 펼쳐질 길을 미리 예비하는 습관이다.
나의 길은 내 입의 선포로 만들어진다.
승리를 선포하고, 성장을 외치고, 성공을 소망하자.
매일 선포하는 작은 정성이 삶을 가꾸는 큰 도구가 된다.

# 성공의 언어는 감사다

감사일기를 쓰는 것은 칸을 채웠다는 뿌듯함에서 그치는 게 아니라 감사를 뼛속까지 평생 습관으로 만들기 위한 시도다. 감사가 일상이 될 때 가장 먼저 바뀌는 것은 표정이다. 그리고 언어와 몸짓이다. 입꼬리가 늘 바닥을 향했다면, 감사가 나오는 순간 하늘을 향하고, 가만히 있어도 자연스럽게 미소를 짓게 된다. 부정인지도 모르고 내뱉었던 언어들은 어느 순간 부끄러워지면서 예쁜 말, 선한 말, 힘이 되는 말을 하기 시작한다. 몸짓 또한 과격하고 화가 많았다면, 이제는 차분하고 진중하며 정성스러워진다. 감사는 나를 살리고 타인을 살리는 온전한 능력이다. 감사는 훈련하면 습관이 될 수 있으며, 처음엔 의지를 들여 억지로 시도하는 노력이 필요하다. 감사의 습관은 그 어떤 것보다 더 빠르고 안전하게 삶을 변화시킬 것이고 사방에서 도움을 불러올 것이다. 감사를 바탕으로 인내하는 건 성공을 위한 리허설이다.

# 친하면 편안하고
# 집착하면 불편하다

무언가를 소유하기 위해서는 그것과 친해져야 한다. 그것을 대할 때 불편해서는 안 된다. 돈을 벌고 지키기 위해서는 돈과 친해져야 하고 돈을 편안하게 느껴야 하며, 사람을 만나기 위해서는 사람이 편안해야 하고, 사랑받기 위해서는 사랑을 주고받는 것에 편안하고 익숙해야 한다.

| Date | Category | Contents |
|---|---|---|
| **Season 5**<br><br>—<br><br>**Day 1**<br><br>월    일 | 오늘의 메시지 | 나 자신과의 목표와 약속 |
| | 오늘의 에너지 | 나를 살리는 힘이 되는 문장, 용기를 주는 구절, 짧은 감사일기 |
| | 오늘의 시너지 | 오늘 만나게 될 사람을 향한 감사와 기대하는 마음 |
| | NOT TO DO LIST | 오늘 반드시 하지 말아야 할 일 |
| | TO DO LIST | 오늘 해야 할 일과 준비물 |
| | 오늘의 마무리 | 오늘의 배운 점, 운동 여부, 하루의 소감 |

| Date | Category | Contents |
|---|---|---|
| Season 5<br><br>—<br><br>**Day 2**<br><br>월    일 | 오늘의 메시지 | 나 자신과의 목표와 약속 |
| | 오늘의 에너지 | 나를 살리는 힘이 되는 문장, 용기를 주는 구절, 짧은 감사일기 |
| | 오늘의 시너지 | 오늘 만나게 될 사람을 향한 감사와 기대하는 마음 |
| | NOT TO DO LIST | 오늘 반드시 하지 말아야 할 일 |
| | TO DO LIST | 오늘 해야 할 일과 준비물 |
| | 오늘의 마무리 | 오늘의 배운 점, 운동 여부, 하루의 소감 |

| Date | Category | Contents |
|---|---|---|
| Season 5<br><br>—<br><br>**Day 3**<br><br>월    일 | 오늘의 메시지 | 나 자신과의 목표와 약속 |
| | 오늘의 에너지 | 나를 살리는 힘이 되는 문장, 용기를 주는 구절, 짧은 감사일기 |
| | 오늘의 시너지 | 오늘 만나게 될 사람을 향한 감사와 기대하는 마음 |
| | NOT TO DO LIST | 오늘 반드시 하지 말아야 할 일 |
| | TO DO LIST | 오늘 해야 할 일과 준비물 |
| | 오늘의 마무리 | 오늘의 배운 점, 운동 여부, 하루의 소감 |

| Date | Category | Contents |
|---|---|---|
| Season 5<br><br>—<br><br>**Day 4**<br><br>월    일 | 오늘의 메시지 | 나 자신과의 목표와 약속 |
| | 오늘의 에너지 | 나를 살리는 힘이 되는 문장, 용기를 주는 구절, 짧은 감사일기 |
| | 오늘의 시너지 | 오늘 만나게 될 사람을 향한 감사와 기대하는 마음 |
| | NOT TO DO LIST | 오늘 반드시 하지 말아야 할 일 |
| | TO DO LIST | 오늘 해야 할 일과 준비물 |
| | 오늘의 마무리 | 오늘의 배운 점, 운동 여부, 하루의 소감 |

| Date | Category | Contents |
|---|---|---|
| Season 5 — **Day 5** 월 일 | 오늘의 메시지 | 나 자신과의 목표와 약속 |
| | 오늘의 에너지 | 나를 살리는 힘이 되는 문장, 용기를 주는 구절, 짧은 감사일기 |
| | 오늘의 시너지 | 오늘 만나게 될 사람을 향한 감사와 기대하는 마음 |
| | NOT TO DO LIST | 오늘 반드시 하지 말아야 할 일 |
| | TO DO LIST | 오늘 해야 할 일과 준비물 |
| | 오늘의 마무리 | 오늘의 배운 점, 운동 여부, 하루의 소감 |

| Date | Category | Contents |
|---|---|---|
| Season 5<br><br>—<br><br>**Day 6**<br><br>월    일 | 오늘의 메시지 | 나 자신과의 목표와 약속 |
| | 오늘의 에너지 | 나를 살리는 힘이 되는 문장, 용기를 주는 구절, 짧은 감사일기 |
| | 오늘의 시너지 | 오늘 만나게 될 사람을 향한 감사와 기대하는 마음 |
| | NOT TO DO LIST | 오늘 반드시 하지 말아야 할 일 |
| | TO DO LIST | 오늘 해야 할 일과 준비물 |
| | 오늘의 마무리 | 오늘의 배운 점, 운동 여부, 하루의 소감 |

| Date | Category | Contents |
|---|---|---|
| Season 5 — **Day 7** 월 일 | 오늘의 메시지 | 나 자신과의 목표와 약속 |
| | 오늘의 에너지 | 나를 살리는 힘이 되는 문장, 용기를 주는 구절, 짧은 감사일기 |
| | 오늘의 시너지 | 오늘 만나게 될 사람을 향한 감사와 기대하는 마음 |
| | NOT TO DO LIST | 오늘 반드시 하지 말아야 할 일 |
| | TO DO LIST | 오늘 해야 할 일과 준비물 |
| | 오늘의 마무리 | 오늘의 배운 점, 운동 여부, 하루의 소감 |

# 나를 세우는 좋은 거짓말

해보지 않으면 재능이 있는지 모른다. 제발 해보지도 않고 못하겠다고 선뻥(先 Lie)치지 말라. 이왕 무언가를 말하고 싶다면 '한 번 해볼까?' '왠지 될 거 같은데?' '가능할 거 같은데?'라는 말로 뻥쳐보자. 어차피 이리치나 저리치나 다 뻥인 거, 좋은 뻥을 쳐보자. 내 귀가 듣고 우주로부터 에너지가 모인다니까, 밑져야 본전이니 말이라도 유쾌하게 해보자.

| Date | Category | Contents |
|---|---|---|
| Season 5 — **Day 8** 월 일 | 오늘의 메시지 | 나 자신과의 목표와 약속 |
| | 오늘의 에너지 | 나를 살리는 힘이 되는 문장, 용기를 주는 구절, 짧은 감사일기 |
| | 오늘의 시너지 | 오늘 만나게 될 사람을 향한 감사와 기대하는 마음 |
| | NOT TO DO LIST | 오늘 반드시 하지 말아야 할 일 |
| | TO DO LIST | 오늘 해야 할 일과 준비물 |
| | 오늘의 마무리 | 오늘의 배운 점, 운동 여부, 하루의 소감 |

| Date | Category | Contents |
|---|---|---|
| Season 5<br><br>—<br><br>**Day 9**<br><br>월    일 | 오늘의 메시지 | 나 자신과의 목표와 약속 |
| | 오늘의 에너지 | 나를 살리는 힘이 되는 문장, 용기를 주는 구절, 짧은 감사일기 |
| | 오늘의 시너지 | 오늘 만나게 될 사람을 향한 감사와 기대하는 마음 |
| | NOT TO DO<br>LIST | 오늘 반드시 하지 말아야 할 일 |
| | TO DO LIST | 오늘 해야 할 일과 준비물 |
| | 오늘의 마무리 | 오늘의 배운 점, 운동 여부, 하루의 소감 |

| Date | Category | Contents |
|---|---|---|
| Season 5 — **Day 10** 월 일 | 오늘의 메시지 | 나 자신과의 목표와 약속 |
| | 오늘의 에너지 | 나를 살리는 힘이 되는 문장, 용기를 주는 구절, 짧은 감사일기 |
| | 오늘의 시너지 | 오늘 만나게 될 사람을 향한 감사와 기대하는 마음 |
| | NOT TO DO LIST | 오늘 반드시 하지 말아야 할 일 |
| | TO DO LIST | 오늘 해야 할 일과 준비물 |
| | 오늘의 마무리 | 오늘의 배운 점, 운동 여부, 하루의 소감 |

| Date | Category | Contents |
|---|---|---|
| Season 5 — **Day 11** 월    일 | 오늘의 메시지 | 나 자신과의 목표와 약속 |
| | 오늘의 에너지 | 나를 살리는 힘이 되는 문장, 용기를 주는 구절, 짧은 감사일기 |
| | 오늘의 시너지 | 오늘 만나게 될 사람을 향한 감사와 기대하는 마음 |
| | NOT TO DO LIST | 오늘 반드시 하지 말아야 할 일 |
| | TO DO LIST | 오늘 해야 할 일과 준비물 |
| | 오늘의 마무리 | 오늘의 배운 점, 운동 여부, 하루의 소감 |

| Date | Category | Contents |
|---|---|---|
| Season 5 — **Day 12** 월 일 | 오늘의 메시지 | 나 자신과의 목표와 약속 |
| | 오늘의 에너지 | 나를 살리는 힘이 되는 문장, 용기를 주는 구절, 짧은 감사일기 |
| | 오늘의 시너지 | 오늘 만나게 될 사람을 향한 감사와 기대하는 마음 |
| | NOT TO DO LIST | 오늘 반드시 하지 말아야 할 일 |
| | TO DO LIST | 오늘 해야 할 일과 준비물 |
| | 오늘의 마무리 | 오늘의 배운 점, 운동 여부, 하루의 소감 |

| Date | Category | Contents |
|---|---|---|
| Season 5<br><br>—<br><br>**Day 13**<br><br>월    일 | 오늘의 메시지 | 나 자신과의 목표와 약속 |
| | 오늘의 에너지 | 나를 살리는 힘이 되는 문장, 용기를 주는 구절, 짧은 감사일기 |
| | 오늘의 시너지 | 오늘 만나게 될 사람을 향한 감사와 기대하는 마음 |
| | NOT TO DO LIST | 오늘 반드시 하지 말아야 할 일 |
| | TO DO LIST | 오늘 해야 할 일과 준비물 |
| | 오늘의 마무리 | 오늘의 배운 점, 운동 여부, 하루의 소감 |

| Date | Category | Contents |
|---|---|---|
| Season 5<br>—<br>**Day 14**<br>월    일 | 오늘의 메시지 | 나 자신과의 목표와 약속 |
| | 오늘의 에너지 | 나를 살리는 힘이 되는 문장, 용기를 주는 구절, 짧은 감사일기 |
| | 오늘의 시너지 | 오늘 만나게 될 사람을 향한 감사와 기대하는 마음 |
| | NOT TO DO<br>LIST | 오늘 반드시 하지 말아야 할 일 |
| | TO DO LIST | 오늘 해야 할 일과 준비물 |
| | 오늘의 마무리 | 오늘의 배운 점, 운동 여부, 하루의 소감 |

# 사람을 이해하려는
# 간단한 노력

영화 속 주인공이 아니라, 조연의 마음에도 들어가보라. 그렇게 할 때에 그 사람의 입장에서 잠시 새로운 인생을 살게 되니, 또 다른 삶을 경험할 수 있다. 사업도 인생도 모두 다 사람을 이해하는 데서 실마리가 보인다. 일일이 실전으로 체득하려면 삶이 피폐해질 수도 있으니 영화를 통해 간접체험을 해보자. 그러나 주의할 점은 늘 보던 장르가 아닌, 새로운 시각을 자극할 수 있는 새로운 이야기를 접하라는 것.

| Date | Category | Contents |
|---|---|---|
| Season 5<br>—<br>**Day 15**<br>월    일 | 오늘의 메시지 | 나 자신과의 목표와 약속 |
| | 오늘의 에너지 | 나를 살리는 힘이 되는 문장, 용기를 주는 구절, 짧은 감사일기 |
| | 오늘의 시너지 | 오늘 만나게 될 사람을 향한 감사와 기대하는 마음 |
| | NOT TO DO<br>LIST | 오늘 반드시 하지 말아야 할 일 |
| | TO DO LIST | 오늘 해야 할 일과 준비물 |
| | 오늘의 마무리 | 오늘의 배운 점, 운동 여부, 하루의 소감 |

| Date | Category | Contents |
|---|---|---|
| Season 5<br><br>—<br><br>**Day 16**<br><br>월     일 | 오늘의 메시지 | 나 자신과의 목표와 약속 |
| | 오늘의 에너지 | 나를 살리는 힘이 되는 문장, 용기를 주는 구절, 짧은 감사일기 |
| | 오늘의 시너지 | 오늘 만나게 될 사람을 향한 감사와 기대하는 마음 |
| | NOT TO DO LIST | 오늘 반드시 하지 말아야 할 일 |
| | TO DO LIST | 오늘 해야 할 일과 준비물 |
| | 오늘의 마무리 | 오늘의 배운 점, 운동 여부, 하루의 소감 |

| Date | Category | Contents |
|---|---|---|
| Season 5<br><br>—<br><br>**Day 17**<br><br>월    일 | 오늘의 메시지 | 나 자신과의 목표와 약속 |
| | 오늘의 에너지 | 나를 살리는 힘이 되는 문장, 용기를 주는 구절, 짧은 감사일기 |
| | 오늘의 시너지 | 오늘 만나게 될 사람을 향한 감사와 기대하는 마음 |
| | NOT TO DO LIST | 오늘 반드시 하지 말아야 할 일 |
| | TO DO LIST | 오늘 해야 할 일과 준비물 |
| | 오늘의 마무리 | 오늘의 배운 점, 운동 여부, 하루의 소감 |

| Date | Category | Contents |
|---|---|---|
| **Season 5**<br>—<br>**Day 18**<br>월   일 | 오늘의 메시지 | · 나 자신과의 목표와 약속 |
| | 오늘의 에너지 | 나를 살리는 힘이 되는 문장, 용기를 주는 구절, 짧은 감사일기 |
| | 오늘의 시너지 | 오늘 만나게 될 사람을 향한 감사와 기대하는 마음 |
| | NOT TO DO LIST | 오늘 반드시 하지 말아야 할 일 |
| | TO DO LIST | 오늘 해야 할 일과 준비물 |
| | 오늘의 마무리 | 오늘의 배운 점, 운동 여부, 하루의 소감 |

| Date | Category | Contents |
|---|---|---|
| Season 5<br><br>—<br><br>**Day 19**<br><br>월    일 | 오늘의 메시지 | 나 자신과의 목표와 약속 |
| | 오늘의 에너지 | 나를 살리는 힘이 되는 문장, 용기를 주는 구절, 짧은 감사일기 |
| | 오늘의 시너지 | 오늘 만나게 될 사람을 향한 감사와 기대하는 마음 |
| | NOT TO DO<br>LIST | 오늘 반드시 하지 말아야 할 일 |
| | TO DO LIST | 오늘 해야 할 일과 준비물 |
| | 오늘의 마무리 | 오늘의 배운 점, 운동 여부, 하루의 소감 |

| Date | Category | Contents |
|---|---|---|
| Season 5 — **Day 20** 월    일 | 오늘의 메시지 | 나 자신과의 목표와 약속 |
| | 오늘의 에너지 | 나를 살리는 힘이 되는 문장, 용기를 주는 구절, 짧은 감사일기 |
| | 오늘의 시너지 | 오늘 만나게 될 사람을 향한 감사와 기대하는 마음 |
| | NOT TO DO LIST | 오늘 반드시 하지 말아야 할 일 |
| | TO DO LIST | 오늘 해야 할 일과 준비물 |
| | 오늘의 마무리 | 오늘의 배운 점, 운동 여부, 하루의 소감 |

| Date | Category | Contents |
|---|---|---|
| Season 5 — **Day 21** 월 일 | 오늘의 메시지 | 나 자신과의 목표와 약속 |
| | 오늘의 에너지 | 나를 살리는 힘이 되는 문장, 용기를 주는 구절, 짧은 감사일기 |
| | 오늘의 시너지 | 오늘 만나게 될 사람을 향한 감사와 기대하는 마음 |
| | NOT TO DO LIST | 오늘 반드시 하지 말아야 할 일 |
| | TO DO LIST | 오늘 해야 할 일과 준비물 |
| | 오늘의 마무리 | 오늘의 배운 점, 운동 여부, 하루의 소감 |

# 스스로를 사랑하는 사람은
## 매력적이다

자신을 사랑하는 사람은 타인에게도 사랑을 받는다. 자신을 좋아하지 않는 사람은 타인에게 불쾌감을 준다. 사랑한다는 것은 용서한다는 것이다. 그 대상이 자신이건 타인이건 마찬가지다. 현재의 모습이 어떻건 최선을 다해온 삶에 격려하고 박수쳐 준다는 것이다. 완벽하지 않음을 인정하되, 못났고 못한다고 못 박지 않는 것이다. 타인에 앞서 나 자신에게 사랑을 먼저 주자. 사랑하면 두려움이 사라진다. 사람도, 일도, 삶도. 사랑하면 세상이 다르게 보인다.

| Date | Category | Contents |
|---|---|---|
| Season 5 — **Day 22** 월 일 | 오늘의 메시지 | 나 자신과의 목표와 약속 |
| | 오늘의 에너지 | 나를 살리는 힘이 되는 문장, 용기를 주는 구절, 짧은 감사일기 |
| | 오늘의 시너지 | 오늘 만나게 될 사람을 향한 감사와 기대하는 마음 |
| | NOT TO DO LIST | 오늘 반드시 하지 말아야 할 일 |
| | TO DO LIST | 오늘 해야 할 일과 준비물 |
| | 오늘의 마무리 | 오늘의 배운 점, 운동 여부, 하루의 소감 |

| Date | Category | Contents |
|---|---|---|
| **Season 5**<br><br>—<br><br>**Day 23**<br><br>월    일 | 오늘의 메시지 | 나 자신과의 목표와 약속 |
| | 오늘의 에너지 | 나를 살리는 힘이 되는 문장, 용기를 주는 구절, 짧은 감사일기 |
| | 오늘의 시너지 | 오늘 만나게 될 사람을 향한 감사와 기대하는 마음 |
| | NOT TO DO<br>LIST | 오늘 반드시 하지 말아야 할 일 |
| | TO DO LIST | 오늘 해야 할 일과 준비물 |
| | 오늘의 마무리 | 오늘의 배운 점, 운동 여부, 하루의 소감 |

| Date | Category | Contents |
|---|---|---|
| **Season 5**<br>—<br>**Day 24**<br>월    일 | 오늘의 메시지 | 나 자신과의 목표와 약속 |
| | 오늘의 에너지 | 나를 살리는 힘이 되는 문장, 용기를 주는 구절, 짧은 감사일기 |
| | 오늘의 시너지 | 오늘 만나게 될 사람을 향한 감사와 기대하는 마음 |
| | NOT TO DO<br>LIST | 오늘 반드시 하지 말아야 할 일 |
| | TO DO LIST | 오늘 해야 할 일과 준비물 |
| | 오늘의 마무리 | 오늘의 배운 점, 운동 여부, 하루의 소감 |

| Date | Category | Contents |
|---|---|---|
| Season 5 — **Day 25** 월 일 | 오늘의 메시지 | 나 자신과의 목표와 약속 |
| | 오늘의 에너지 | 나를 살리는 힘이 되는 문장, 용기를 주는 구절, 짧은 감사일기 |
| | 오늘의 시너지 | 오늘 만나게 될 사람을 향한 감사와 기대하는 마음 |
| | NOT TO DO LIST | 오늘 반드시 하지 말아야 할 일 |
| | TO DO LIST | 오늘 해야 할 일과 준비물 |
| | 오늘의 마무리 | 오늘의 배운 점, 운동 여부, 하루의 소감 |

| Date | Category | Contents |
|---|---|---|
| Season 5 — **Day 26** 월 일 | 오늘의 메시지 | 나 자신과의 목표와 약속 |
| | 오늘의 에너지 | 나를 살리는 힘이 되는 문장, 용기를 주는 구절, 짧은 감사일기 |
| | 오늘의 시너지 | 오늘 만나게 될 사람을 향한 감사와 기대하는 마음 |
| | NOT TO DO LIST | 오늘 반드시 하지 말아야 할 일 |
| | TO DO LIST | 오늘 해야 할 일과 준비물 |
| | 오늘의 마무리 | 오늘의 배운 점, 운동 여부, 하루의 소감 |

| Date | Category | Contents |
|---|---|---|
| Season 5<br><br>—<br><br>**Day 27**<br><br>월    일 | 오늘의 메시지 | 나 자신과의 목표와 약속 |
| | 오늘의 에너지 | 나를 살리는 힘이 되는 문장, 용기를 주는 구절, 짧은 감사일기 |
| | 오늘의 시너지 | 오늘 만나게 될 사람을 향한 감사와 기대하는 마음 |
| | NOT TO DO LIST | 오늘 반드시 하지 말아야 할 일 |
| | TO DO LIST | 오늘 해야 할 일과 준비물 |
| | 오늘의 마무리 | 오늘의 배운 점, 운동 여부, 하루의 소감 |

| Date | Category | Contents |
|---|---|---|
| **Season 5**<br><br>—<br><br>**Day 28**<br><br>월  일 | 오늘의 메시지 | 나 자신과의 목표와 약속 |
| | 오늘의 에너지 | 나를 살리는 힘이 되는 문장, 용기를 주는 구절, 짧은 감사일기 |
| | 오늘의 시너지 | 오늘 만나게 될 사람을 향한 감사와 기대하는 마음 |
| | NOT TO DO LIST | 오늘 반드시 하지 말아야 할 일 |
| | TO DO LIST | 오늘 해야 할 일과 준비물 |
| | 오늘의 마무리 | 오늘의 배운 점, 운동 여부, 하루의 소감 |

# 쓸모없는 걱정보다
# 든든한 초연함

무언가에 연연할수록 그것에 대한 지배력을 상실한다. 전전긍긍하며 집착하는 대상이 있다면 시간이 지날수록 속수무책이 된다. 느긋하며 초연한 태도는 부자의 중요한 덕목이다. 무관심을 뜻하는 건 아니다. 그저 당연히 그렇게 되어지고 있고 될 것이니 여유 있게 믿는 것이다. 가난한 사람들은 늘 애를 태우며 걱정이 많다. 결국 돈을 못 벌면 어떡하지? 성공 못 하면 어떡하지?라는 미래에 대한 불안함이 그들을 지배하고 있고 결국 그렇게 되어간다.

| Date | Category | Contents |
|---|---|---|
| Season 5 — **Day 29** 월 일 | 오늘의 메시지 | 나 자신과의 목표와 약속 |
| | 오늘의 에너지 | 나를 살리는 힘이 되는 문장, 용기를 주는 구절, 짧은 감사일기 |
| | 오늘의 시너지 | 오늘 만나게 될 사람을 향한 감사와 기대하는 마음 |
| | NOT TO DO LIST | 오늘 반드시 하지 말아야 할 일 |
| | TO DO LIST | 오늘 해야 할 일과 준비물 |
| | 오늘의 마무리 | 오늘의 배운 점, 운동 여부, 하루의 소감 |

| Date | Category | Contents |
|---|---|---|
| Season 5 — **Day 30** 월 일 | 오늘의 메시지 | 나 자신과의 목표와 약속 |
| | 오늘의 에너지 | 나를 살리는 힘이 되는 문장, 용기를 주는 구절, 짧은 감사일기 |
| | 오늘의 시너지 | 오늘 만나게 될 사람을 향한 감사와 기대하는 마음 |
| | NOT TO DO LIST | 오늘 반드시 하지 말아야 할 일 |
| | TO DO LIST | 오늘 해야 할 일과 준비물 |
| | 오늘의 마무리 | 오늘의 배운 점, 운동 여부, 하루의 소감 |

| Date | Category | Contents |
|---|---|---|
| Season 5 — **Day 31** 월   일 | 오늘의 메시지 | 나 자신과의 목표와 약속 |
| | 오늘의 에너지 | 나를 살리는 힘이 되는 문장. 용기를 주는 구절. 짧은 감사일기 |
| | 오늘의 시너지 | 오늘 만나게 될 사람을 향한 감사와 기대하는 마음 |
| | NOT TO DO LIST | 오늘 반드시 하지 말아야 할 일 |
| | TO DO LIST | 오늘 해야 할 일과 준비물 |
| | 오늘의 마무리 | 오늘의 배운 점. 운동 여부. 하루의 소감 |

| Date | Category | Contents |
|---|---|---|
| **Season 5**<br>—<br>**Day 32**<br>월    일 | 오늘의 메시지 | 나 자신과의 목표와 약속 |
| | 오늘의 에너지 | 나를 살리는 힘이 되는 문장, 용기를 주는 구절, 짧은 감사일기 |
| | 오늘의 시너지 | 오늘 만나게 될 사람을 향한 감사와 기대하는 마음 |
| | NOT TO DO LIST | 오늘 반드시 하지 말아야 할 일 |
| | TO DO LIST | 오늘 해야 할 일과 준비물 |
| | 오늘의 마무리 | 오늘의 배운 점, 운동 여부, 하루의 소감 |

| Date | Category | Contents |
|---|---|---|
| Season 5<br><br>—<br><br>**Day 33**<br><br>월    일 | 오늘의 메시지 | 나 자신과의 목표와 약속 |
| | 오늘의 에너지 | 나를 살리는 힘이 되는 문장, 용기를 주는 구절, 짧은 감사일기 |
| | 오늘의 시너지 | 오늘 만나게 될 사람을 향한 감사와 기대하는 마음 |
| | NOT TO DO LIST | 오늘 반드시 하지 말아야 할 일 |
| | TO DO LIST | 오늘 해야 할 일과 준비물 |
| | 오늘의 마무리 | 오늘의 배운 점, 운동 여부, 하루의 소감 |

| Date | Category | Contents |
|---|---|---|
| Season 5 — **Day 34** 월 일 | 오늘의 메시지 | 나 자신과의 목표와 약속 |
| | 오늘의 에너지 | 나를 살리는 힘이 되는 문장, 용기를 주는 구절, 짧은 감사일기 |
| | 오늘의 시너지 | 오늘 만나게 될 사람을 향한 감사와 기대하는 마음 |
| | NOT TO DO LIST | 오늘 반드시 하지 말아야 할 일 |
| | TO DO LIST | 오늘 해야 할 일과 준비물 |
| | 오늘의 마무리 | 오늘의 배운 점, 운동 여부, 하루의 소감 |

| Date | Category | Contents |
|---|---|---|
| Season 5 — **Day 35** 월    일 | 오늘의 메시지 | 나 자신과의 목표와 약속 |
| | 오늘의 에너지 | 나를 살리는 힘이 되는 문장, 용기를 주는 구절, 짧은 감사일기 |
| | 오늘의 시너지 | 오늘 만나게 될 사람을 향한 감사와 기대하는 마음 |
| | NOT TO DO LIST | 오늘 반드시 하지 말아야 할 일 |
| | TO DO LIST | 오늘 해야 할 일과 준비물 |
| | 오늘의 마무리 | 오늘의 배운 점, 운동 여부, 하루의 소감 |

# 자신감은 필사적으로 지켜라

우리에게 시급한 일 중 하나는 자신감을 세우는 것이다. 자신감은 치명적으로 중요하다. 자신감이 있으면 새로운 시작과 도전의 마무리도 수월하며, 많은 것들을 긍정적으로 끌어올 수 있다. 어릴 때 가정에서 세워지는 자신감 외에도 작은 성취를 쌓고 기억하는 데서 오는 자신감, 그리고 멘토를 통해 채워지는 칭찬과 격려에서 얻는 자신감도 있다. 어떤 상황에서도 자신감이 깎이지 않도록 정신의 등을 곧추세우고 그 누구도 나의 자신감을 훔쳐가지 못하도록 경계하라.

| Date | Category | Contents |
|---|---|---|
| Season 5 — **Day 36** 월 일 | 오늘의 메시지 | 나 자신과의 목표와 약속 |
| | 오늘의 에너지 | 나를 살리는 힘이 되는 문장, 용기를 주는 구절, 짧은 감사일기 |
| | 오늘의 시너지 | 오늘 만나게 될 사람을 향한 감사와 기대하는 마음 |
| | NOT TO DO LIST | 오늘 반드시 하지 말아야 할 일 |
| | TO DO LIST | 오늘 해야 할 일과 준비물 |
| | 오늘의 마무리 | 오늘의 배운 점, 운동 여부, 하루의 소감 |

| Date | Category | Contents |
|---|---|---|
| Season 5 — **Day 37** 월 일 | 오늘의 메시지 | 나 자신과의 목표와 약속 |
| | 오늘의 에너지 | 나를 살리는 힘이 되는 문장, 용기를 주는 구절, 짧은 감사일기 |
| | 오늘의 시너지 | 오늘 만나게 될 사람을 향한 감사와 기대하는 마음 |
| | NOT TO DO LIST | 오늘 반드시 하지 말아야 할 일 |
| | TO DO LIST | 오늘 해야 할 일과 준비물 |
| | 오늘의 마무리 | 오늘의 배운 점, 운동 여부, 하루의 소감 |

| Date | Category | Contents |
|---|---|---|
| **Season 5**<br><br>—<br><br>**Day 38**<br><br>월   일 | 오늘의 메시지 | 나 자신과의 목표와 약속 |
| | 오늘의 에너지 | 나를 살리는 힘이 되는 문장, 용기를 주는 구절, 짧은 감사일기 |
| | 오늘의 시너지 | 오늘 만나게 될 사람을 향한 감사와 기대하는 마음 |
| | NOT TO DO LIST | 오늘 반드시 하지 말아야 할 일 |
| | TO DO LIST | 오늘 해야 할 일과 준비물 |
| | 오늘의 마무리 | 오늘의 배운 점. 운동 여부, 하루의 소감 |

| Date | Category | Contents |
|---|---|---|
| Season 5 — **Day 39** 월 일 | 오늘의 메시지 | 나 자신과의 목표와 약속 |
| | 오늘의 에너지 | 나를 살리는 힘이 되는 문장, 용기를 주는 구절, 짧은 감사일기 |
| | 오늘의 시너지 | 오늘 만나게 될 사람을 향한 감사와 기대하는 마음 |
| | NOT TO DO LIST | 오늘 반드시 하지 말아야 할 일 |
| | TO DO LIST | 오늘 해야 할 일과 준비물 |
| | 오늘의 마무리 | 오늘의 배운 점, 운동 여부, 하루의 소감 |

| Date | Category | Contents |
|---|---|---|
| Season 5<br>—<br>**Day 40**<br>월   일 | 오늘의 메시지 | 나 자신과의 목표와 약속 |
| | 오늘의 에너지 | 나를 살리는 힘이 되는 문장, 용기를 주는 구절, 짧은 감사일기 |
| | 오늘의 시너지 | 오늘 만나게 될 사람을 향한 감사와 기대하는 마음 |
| | NOT TO DO<br>LIST | 오늘 반드시 하지 말아야 할 일 |
| | TO DO LIST | 오늘 해야 할 일과 준비물 |
| | 오늘의 마무리 | 오늘의 배운 점, 운동 여부, 하루의 소감 |

| Date | Category | Contents |
|---|---|---|
| Season 5 — **Day 41** 월  일 | 오늘의 메시지 | 나 자신과의 목표와 약속 |
| | 오늘의 에너지 | 나를 살리는 힘이 되는 문장, 용기를 주는 구절, 짧은 감사일기 |
| | 오늘의 시너지 | 오늘 만나게 될 사람을 향한 감사와 기대하는 마음 |
| | NOT TO DO LIST | 오늘 반드시 하지 말아야 할 일 |
| | TO DO LIST | 오늘 해야 할 일과 준비물 |
| | 오늘의 마무리 | 오늘의 배운 점, 운동 여부, 하루의 소감 |

| Date | Category | Contents |
|---|---|---|
| Season 5 — **Day 42** 월 일 | 오늘의 메시지 | 나 자신과의 목표와 약속 |
| | 오늘의 에너지 | 나를 살리는 힘이 되는 문장, 용기를 주는 구절, 짧은 감사일기 |
| | 오늘의 시너지 | 오늘 만나게 될 사람을 향한 감사와 기대하는 마음 |
| | NOT TO DO LIST | 오늘 반드시 하지 말아야 할 일 |
| | TO DO LIST | 오늘 해야 할 일과 준비물 |
| | 오늘의 마무리 | 오늘의 배운 점, 운동 여부, 하루의 소감 |

# 축복은 흘러 보내야
# 다시 돌아온다

나는 누군가에게 복이 되기 위해 이 땅에 존재한다. 이 선포를 믿음
으로 받으면 실제 그런 사람이 될 것이고, 믿지 않고 의심한다면 굴
러온 복도 차버리는 삶이 된다. 내가 지금까지 살아온 덕은 누군가
의 정성과 사랑과 관심이다. 내가 복을 받았기 때문에 오늘 하루를
만날 수 있다. 그렇다면 내가 받은 그 복을 주변에 전하는 것은 당
연한 의무다. 누군가에게 내가 복이 될 수 있도록 오늘 하루 웃어주
고, 섬겨주고, 안아주면 어떨까. 나의 작은 터치가 인생의 나락에 떨
어진 한 사람을 반전시킬지도 모른다.

| Date | Category | Contents |
|---|---|---|
| Season 5<br>—<br>**Day 43**<br>월   일 | 오늘의 메시지 | 나 자신과의 목표와 약속 |
| | 오늘의 에너지 | 나를 살리는 힘이 되는 문장, 용기를 주는 구절, 짧은 감사일기 |
| | 오늘의 시너지 | 오늘 만나게 될 사람을 향한 감사와 기대하는 마음 |
| | NOT TO DO<br>LIST | 오늘 반드시 하지 말아야 할 일 |
| | TO DO LIST | 오늘 해야 할 일과 준비물 |
| | 오늘의 마무리 | 오늘의 배운 점, 운동 여부, 하루의 소감 |

| Date | Category | Contents |
|---|---|---|
| Season 5 — **Day 44** 월 일 | 오늘의 메시지 | 나 자신과의 목표와 약속 |
| | 오늘의 에너지 | 나를 살리는 힘이 되는 문장, 용기를 주는 구절, 짧은 감사일기 |
| | 오늘의 시너지 | 오늘 만나게 될 사람을 향한 감사와 기대하는 마음 |
| | NOT TO DO LIST | 오늘 반드시 하지 말아야 할 일 |
| | TO DO LIST | 오늘 해야 할 일과 준비물 |
| | 오늘의 마무리 | 오늘의 배운 점, 운동 여부, 하루의 소감 |

| Date | Category | Contents |
|---|---|---|
| Season 5<br><br>—<br><br>**Day 45**<br><br>월    일 | 오늘의 메시지 | 나 자신과의 목표와 약속 |
| | 오늘의 에너지 | 나를 살리는 힘이 되는 문장, 용기를 주는 구절, 짧은 감사일기 |
| | 오늘의 시너지 | 오늘 만나게 될 사람을 향한 감사와 기대하는 마음 |
| | NOT TO DO LIST | 오늘 반드시 하지 말아야 할 일 |
| | TO DO LIST | 오늘 해야 할 일과 준비물 |
| | 오늘의 마무리 | 오늘의 배운 점, 운동 여부, 하루의 소감 |

| Date | Category | Contents |
|---|---|---|
| Season 5 — **Day 46** 월   일 | 오늘의 메시지 | 나 자신과의 목표와 약속 |
| | 오늘의 에너지 | 나를 살리는 힘이 되는 문장, 용기를 주는 구절, 짧은 감사일기 |
| | 오늘의 시너지 | 오늘 만나게 될 사람을 향한 감사와 기대하는 마음 |
| | NOT TO DO LIST | 오늘 반드시 하지 말아야 할 일 |
| | TO DO LIST | 오늘 해야 할 일과 준비물 |
| | 오늘의 마무리 | 오늘의 배운 점, 운동 여부, 하루의 소감 |

| Date | Category | Contents |
|---|---|---|
| Season 5<br><br>—<br><br>**Day 47**<br><br>월　　일 | 오늘의 메시지 | 나 자신과의 목표와 약속 |
| | 오늘의 에너지 | 나를 살리는 힘이 되는 문장, 용기를 주는 구절, 짧은 감사일기 |
| | 오늘의 시너지 | 오늘 만나게 될 사람을 향한 감사와 기대하는 마음 |
| | NOT TO DO LIST | 오늘 반드시 하지 말아야 할 일 |
| | TO DO LIST | 오늘 해야 할 일과 준비물 |
| | 오늘의 마무리 | 오늘의 배운 점, 운동 여부, 하루의 소감 |

| Date | Category | Contents |
|---|---|---|
| Season 5 — **Day 48** 월 일 | 오늘의 메시지 | 나 자신과의 목표와 약속 |
| | 오늘의 에너지 | 나를 살리는 힘이 되는 문장, 용기를 주는 구절, 짧은 감사일기 |
| | 오늘의 시너지 | 오늘 만나게 될 사람을 향한 감사와 기대하는 마음 |
| | NOT TO DO LIST | 오늘 반드시 하지 말아야 할 일 |
| | TO DO LIST | 오늘 해야 할 일과 준비물 |
| | 오늘의 마무리 | 오늘의 배운 점, 운동 여부, 하루의 소감 |

| Date | Category | Contents |
|---|---|---|
| Season 5<br><br>—<br><br>**Day 49**<br><br>월    일 | 오늘의 메시지 | 나 자신과의 목표와 약속 |
| | 오늘의 에너지 | 나를 살리는 힘이 되는 문장, 용기를 주는 구절, 짧은 감사일기 |
| | 오늘의 시너지 | 오늘 만나게 될 사람을 향한 감사와 기대하는 마음 |
| | NOT TO DO<br>LIST | 오늘 반드시 하지 말아야 할 일 |
| | TO DO LIST | 오늘 해야 할 일과 준비물 |
| | 오늘의 마무리 | 오늘의 배운 점, 운동 여부, 하루의 소감 |

# 성공은 감사와 감동의 순간 위에
# 자리잡는다

감동은 사람과 사람 사이의 신뢰와 추억을 바탕으로 오는 인간만의 특별한 감정이다. 삶의 순간순간 감동이 많은 사람들은 인간관계 지수가 무척 높다. 관계는 눈에 보이지 않는 많은 것들을 지탱해준다. 가정과 사회, 국가의 밑바탕에 깔린 소통과 결정의 윤활유가 된다. 모래 위에도 집을 지을 수는 있지만, 언제 무너질지 모르는 위태로움이 도사린다. 반석 위에 무너지지 않는 집을 세우는 것은 모든 도전과 성공과 인내 앞에 소중한 사람들, 감사한 관계들을 섬기고 잊지 않는 것이다. 순도 백프로의 정성으로 내 사람들을 대할 때 나의 모든 실패와 성공은 더욱 의미 있고 위로 받고 박수 받게 될 것이다.

| Date | Category | Contents |
|---|---|---|
| Season 5<br><br>—<br><br>**Day 50**<br><br>월    일 | 오늘의 메시지 | 나 자신과의 목표와 약속 |
| | 오늘의 에너지 | 나를 살리는 힘이 되는 문장, 용기를 주는 구절, 짧은 감사일기 |
| | 오늘의 시너지 | 오늘 만나게 될 사람을 향한 감사와 기대하는 마음 |
| | NOT TO DO<br>LIST | 오늘 반드시 하지 말아야 할 일 |
| | TO DO LIST | 오늘 해야 할 일과 준비물 |
| | 오늘의 마무리 | 오늘의 배운 점, 운동 여부, 하루의 소감 |

| Date | Category | Contents |
|---|---|---|
| Season 5 — **Day 51** 월 일 | 오늘의 메시지 | 나 자신과의 목표와 약속 |
| | 오늘의 에너지 | 나를 살리는 힘이 되는 문장, 용기를 주는 구절, 짧은 감사일기 |
| | 오늘의 시너지 | 오늘 만나게 될 사람을 향한 감사와 기대하는 마음 |
| | NOT TO DO LIST | 오늘 반드시 하지 말아야 할 일 |
| | TO DO LIST | 오늘 해야 할 일과 준비물 |
| | 오늘의 마무리 | 오늘의 배운 점, 운동 여부, 하루의 소감 |

| Date | Category | Contents |
|---|---|---|
| Season 5 — **Day 52** 월 일 | 오늘의 메시지 | 나 자신과의 목표와 약속 |
| | 오늘의 에너지 | 나를 살리는 힘이 되는 문장, 용기를 주는 구절, 짧은 감사일기 |
| | 오늘의 시너지 | 오늘 만나게 될 사람을 향한 감사와 기대하는 마음 |
| | NOT TO DO LIST | 오늘 반드시 하지 말아야 할 일 |
| | TO DO LIST | 오늘 해야 할 일과 준비물 |
| | 오늘의 마무리 | 오늘의 배운 점, 운동 여부, 하루의 소감 |

| Date | Category | Contents |
|---|---|---|
| Season 5 — **Day 53** 월   일 | 오늘의 메시지 | 나 자신과의 목표와 약속 |
| | 오늘의 에너지 | 나를 살리는 힘이 되는 문장, 용기를 주는 구절, 짧은 감사일기 |
| | 오늘의 시너지 | 오늘 만나게 될 사람을 향한 감사와 기대하는 마음 |
| | NOT TO DO LIST | 오늘 반드시 하지 말아야 할 일 |
| | TO DO LIST | 오늘 해야 할 일과 준비물 |
| | 오늘의 마무리 | 오늘의 배운 점, 운동 여부, 하루의 소감 |

| Date | Category | Contents |
|---|---|---|
| Season 5<br>—<br>**Day 54**<br>월    일 | 오늘의 메시지 | 나 자신과의 목표와 약속 |
| | 오늘의 에너지 | 나를 살리는 힘이 되는 문장, 용기를 주는 구절, 짧은 감사일기 |
| | 오늘의 시너지 | 오늘 만나게 될 사람을 향한 감사와 기대하는 마음 |
| | NOT TO DO<br>LIST | 오늘 반드시 하지 말아야 할 일 |
| | TO DO LIST | 오늘 해야 할 일과 준비물 |
| | 오늘의 마무리 | 오늘의 배운 점, 운동 여부, 하루의 소감 |

| Date | Category | Contents |
|---|---|---|
| Season 5 — **Day 55** 월    일 | 오늘의 메시지 | 나 자신과의 목표와 약속 |
| | 오늘의 에너지 | 나를 살리는 힘이 되는 문장, 용기를 주는 구절, 짧은 감사일기 |
| | 오늘의 시너지 | 오늘 만나게 될 사람을 향한 감사와 기대하는 마음 |
| | NOT TO DO LIST | 오늘 반드시 하지 말아야 할 일 |
| | TO DO LIST | 오늘 해야 할 일과 준비물 |
| | 오늘의 마무리 | 오늘의 배운 점, 운동 여부, 하루의 소감 |

| Date | Category | Contents |
|---|---|---|
| Season 5 — **Day 56** 월   일 | 오늘의 메시지 | 나 자신과의 목표와 약속 |
| | 오늘의 에너지 | 나를 살리는 힘이 되는 문장, 용기를 주는 구절, 짧은 감사일기 |
| | 오늘의 시너지 | 오늘 만나게 될 사람을 향한 감사와 기대하는 마음 |
| | NOT TO DO LIST | 오늘 반드시 하지 말아야 할 일 |
| | TO DO LIST | 오늘 해야 할 일과 준비물 |
| | 오늘의 마무리 | 오늘의 배운 점, 운동 여부, 하루의 소감 |

# 사랑은 종종 수많은
# 문제의 해결책이 된다

사람을 분석하면 그 사람의 장점을 볼 수 없다. 이해득실에서 승리하는 선택을 할 수는 있겠지만 상대의 마음을 얻을 수는 없다. 그곳은 통계자료와 책과 분석으로 알 수 없고, 오로지 마음의 눈으로 봐야 한다. 가장 효과적인 시력은 '사랑하는 눈'이다. 사랑하면 그 사람을 급속도로 빠르게 이해하고 품어줄 수 있다. 지구상의 모든 것은 전부 연결되어 있기 때문에 우리는 더 많이 연결시킬수록 더 많이 안아주게 될 것이다. 더 끊어내고 잘라내면 더 이해할 수 없는 상황에 처한다. 사람 사는 세상은 낱낱이 분리시키는 것이 아니라, 크게 통합할 때 더 나은 결과를 보게 된다.

| Date | Category | Contents |
|---|---|---|
| Season 5<br>—<br>**Day 57**<br>월   일 | 오늘의 메시지 | 나 자신과의 목표와 약속 |
| | 오늘의 에너지 | 나를 살리는 힘이 되는 문장, 용기를 주는 구절. 짧은 감사일기 |
| | 오늘의 시너지 | 오늘 만나게 될 사람을 향한 감사와 기대하는 마음 |
| | NOT TO DO<br>LIST | 오늘 반드시 하지 말아야 할 일 |
| | TO DO LIST | 오늘 해야 할 일과 준비물 |
| | 오늘의 마무리 | 오늘의 배운 점. 운동 여부, 하루의 소감 |

| Date | Category | Contents |
|---|---|---|
| Season 5<br><br>—<br><br>**Day 58**<br><br>월    일 | 오늘의 메시지 | 나 자신과의 목표와 약속 |
| | 오늘의 에너지 | 나를 살리는 힘이 되는 문장, 용기를 주는 구절, 짧은 감사일기 |
| | 오늘의 시너지 | 오늘 만나게 될 사람을 향한 감사와 기대하는 마음 |
| | NOT TO DO LIST | 오늘 반드시 하지 말아야 할 일 |
| | TO DO LIST | 오늘 해야 할 일과 준비물 |
| | 오늘의 마무리 | 오늘의 배운 점, 운동 여부, 하루의 소감 |

| Date | Category | Contents |
|---|---|---|
| Season 5 — **Day 59** 월    일 | 오늘의 메시지 | 나 자신과의 목표와 약속 |
| | 오늘의 에너지 | 나를 살리는 힘이 되는 문장, 용기를 주는 구절, 짧은 감사일기 |
| | 오늘의 시너지 | 오늘 만나게 될 사람을 향한 감사와 기대하는 마음 |
| | NOT TO DO LIST | 오늘 반드시 하지 말아야 할 일 |
| | TO DO LIST | 오늘 해야 할 일과 준비물 |
| | 오늘의 마무리 | 오늘의 배운 점, 운동 여부, 하루의 소감 |

| Date | Category | Contents |
|---|---|---|
| Season 5 — Day 60 월 일 | 오늘의 메시지 | 나 자신과의 목표와 약속 |
| | 오늘의 에너지 | 나를 살리는 힘이 되는 문장, 용기를 주는 구절, 짧은 감사일기 |
| | 오늘의 시너지 | 오늘 만나게 될 사람을 향한 감사와 기대하는 마음 |
| | NOT TO DO LIST | 오늘 반드시 하지 말아야 할 일 |
| | TO DO LIST | 오늘 해야 할 일과 준비물 |
| | 오늘의 마무리 | 오늘의 배운 점, 운동 여부, 하루의 소감 |

| Date | Category | Contents |
|---|---|---|
| Season 5 — **Day 61** 월   일 | 오늘의 메시지 | 나 자신과의 목표와 약속 |
| | 오늘의 에너지 | 나를 살리는 힘이 되는 문장, 용기를 주는 구절, 짧은 감사일기 |
| | 오늘의 시너지 | 오늘 만나게 될 사람을 향한 감사와 기대하는 마음 |
| | NOT TO DO LIST | 오늘 반드시 하지 말아야 할 일 |
| | TO DO LIST | 오늘 해야 할 일과 준비물 |
| | 오늘의 마무리 | 오늘의 배운 점, 운동 여부, 하루의 소감 |

| Date | Category | Contents |
|---|---|---|
| Season 5 — **Day 62** 월 일 | 오늘의 메시지 | 나 자신과의 목표와 약속 |
| | 오늘의 에너지 | 나를 살리는 힘이 되는 문장, 용기를 주는 구절, 짧은 감사일기 |
| | 오늘의 시너지 | 오늘 만나게 될 사람을 향한 감사와 기대하는 마음 |
| | NOT TO DO LIST | 오늘 반드시 하지 말아야 할 일 |
| | TO DO LIST | 오늘 해야 할 일과 준비물 |
| | 오늘의 마무리 | 오늘의 배운 점, 운동 여부, 하루의 소감 |

| Date | Category | Contents |
|---|---|---|
| Season 5<br>—<br>**Day 63**<br>월   일 | 오늘의 메시지 | 나 자신과의 목표와 약속 |
| | 오늘의 에너지 | 나를 살리는 힘이 되는 문장, 용기를 주는 구절, 짧은 감사일기 |
| | 오늘의 시너지 | 오늘 만나게 될 사람을 향한 감사와 기대하는 마음 |
| | NOT TO DO<br>LIST | 오늘 반드시 하지 말아야 할 일 |
| | TO DO LIST | 오늘 해야 할 일과 준비물 |
| | 오늘의 마무리 | 오늘의 배운 점, 운동 여부, 하루의 소감 |

# 보이지 않아도
# 느낄 수 있는 것들

영원한 것을 놓치지 않고 붙잡는 것이 지혜다. 영원한 것들은 보이지 않는 가치뿐이다. 믿음, 사랑, 소망, 절제, 희망과 같이 인류의 존속을 지켜주었던 가치들은 눈에 보이지 않지만 분명히 존재하며 영원하다. 무엇을 선택하고 무엇에 집중할까 고민이 될 때 과연 나는 언젠가 새까맣게 잊을 것에 눈독들이고 불안해하는 것은 아닌지 생각해보자. 당장은 시급하고 불편하지만, 그 또한 시간이 지나면 아무것도 아닌 일이 될 수 있다면 그렇게 중요한 게 아닌 것이다. 정말 중요한 가치들은 한 번 놓치면 회복이 불가능한 비물리적인 것들이다.

| Date | Category | Contents |
|---|---|---|
| Season 5 — **Day 64** 월 일 | 오늘의 메시지 | 나 자신과의 목표와 약속 |
| | 오늘의 에너지 | 나를 살리는 힘이 되는 문장, 용기를 주는 구절, 짧은 감사일기 |
| | 오늘의 시너지 | 오늘 만나게 될 사람을 향한 감사와 기대하는 마음 |
| | NOT TO DO LIST | 오늘 반드시 하지 말아야 할 일 |
| | TO DO LIST | 오늘 해야 할 일과 준비물 |
| | 오늘의 마무리 | 오늘의 배운 점, 운동 여부, 하루의 소감 |

| Date | Category | Contents |
|---|---|---|
| Season 5 — **Day 65** 월 일 | 오늘의 메시지 | 나 자신과의 목표와 약속 |
| | 오늘의 에너지 | 나를 살리는 힘이 되는 문장, 용기를 주는 구절, 짧은 감사일기 |
| | 오늘의 시너지 | 오늘 만나게 될 사람을 향한 감사와 기대하는 마음 |
| | NOT TO DO LIST | 오늘 반드시 하지 말아야 할 일 |
| | TO DO LIST | 오늘 해야 할 일과 준비물 |
| | 오늘의 마무리 | 오늘의 배운 점, 운동 여부, 하루의 소감 |

| Date | Category | Contents |
|---|---|---|
| Season 5 — **Day 66** 월    일 | 오늘의 메시지 | 나 자신과의 목표와 약속 |
| | 오늘의 에너지 | 나를 살리는 힘이 되는 문장, 용기를 주는 구절, 짧은 감사일기 |
| | 오늘의 시너지 | 오늘 만나게 될 사람을 향한 감사와 기대하는 마음 |
| | NOT TO DO LIST | 오늘 반드시 하지 말아야 할 일 |
| | TO DO LIST | 오늘 해야 할 일과 준비물 |
| | 오늘의 마무리 | 오늘의 배운 점, 운동 여부, 하루의 소감 |

| Date | Category | Contents |
|---|---|---|
| Season 5<br>—<br>**Day 67**<br>월    일 | 오늘의 메시지 | 나 자신과의 목표와 약속 |
| | 오늘의 에너지 | 나를 살리는 힘이 되는 문장, 용기를 주는 구절, 짧은 감사일기 |
| | 오늘의 시너지 | 오늘 만나게 될 사람을 향한 감사와 기대하는 마음 |
| | NOT TO DO<br>LIST | 오늘 반드시 하지 말아야 할 일 |
| | TO DO LIST | 오늘 해야 할 일과 준비물 |
| | 오늘의 마무리 | 오늘의 배운 점, 운동 여부, 하루의 소감 |

| Date | Category | Contents |
|---|---|---|
| Season 5 — **Day 68** 월   일 | 오늘의 메시지 | 나 자신과의 목표와 약속 |
| | 오늘의 에너지 | 나를 살리는 힘이 되는 문장, 용기를 주는 구절, 짧은 감사일기 |
| | 오늘의 시너지 | 오늘 만나게 될 사람을 향한 감사와 기대하는 마음 |
| | NOT TO DO LIST | 오늘 반드시 하지 말아야 할 일 |
| | TO DO LIST | 오늘 해야 할 일과 준비물 |
| | 오늘의 마무리 | 오늘의 배운 점, 운동 여부, 하루의 소감 |

| Date | Category | Contents |
|---|---|---|
| Season 5<br><br>—<br><br>**Day 69**<br><br>월    일 | 오늘의 메시지 | 나 자신과의 목표와 약속 |
| | 오늘의 에너지 | 나를 살리는 힘이 되는 문장, 용기를 주는 구절, 짧은 감사일기 |
| | 오늘의 시너지 | 오늘 만나게 될 사람을 향한 감사와 기대하는 마음 |
| | NOT TO DO LIST | 오늘 반드시 하지 말아야 할 일 |
| | TO DO LIST | 오늘 해야 할 일과 준비물 |
| | 오늘의 마무리 | 오늘의 배운 점, 운동 여부, 하루의 소감 |

| Date | Category | Contents |
|---|---|---|
| Season 5<br><br>—<br><br>**Day 70**<br><br>월    일 | 오늘의 메시지 | 나 자신과의 목표와 약속 |
| | 오늘의 에너지 | 나를 살리는 힘이 되는 문장, 용기를 주는 구절, 짧은 감사일기 |
| | 오늘의 시너지 | 오늘 만나게 될 사람을 향한 감사와 기대하는 마음 |
| | NOT TO DO<br>LIST | 오늘 반드시 하지 말아야 할 일 |
| | TO DO LIST | 오늘 해야 할 일과 준비물 |
| | 오늘의 마무리 | 오늘의 배운 점, 운동 여부, 하루의 소감 |

# 자격을 갖춘 사람에게 오는 행운

모든 성공한 사람들의 성공담에는 '운'이라는 말이 들어간다. "제가 운이 좋았어요."라는 말은 겸손한 건지 비밀을 말하기 싫은 건지, 듣는 이로서는 알 수 없는 묘한 의미를 내포한다. 그렇다면 운은 누구에게 올까? 준비된 사람, 그리고 옳은 일을 바르게 하려는 사람에게 온다. 성공이라는 것은 지속적이어야 한다. 일시적으로 성공에 점을 찍고 하락하는 것은 진짜 성공이 아니다. 목표에 도달하고 나서도 꾸준히 그 삶이 이어지고, 성공의 '결격사유'가 없을 때에 그 성공은 참되다. 그렇게 되려면 처음부터 선한 의도와 선한 꿈으로 시작되어야 한다. 세상에 해가 되지 않는 바른 의도로 도전할 때 선한 도움의 손길과 행운이 따른다. 내 꿈의 보폭이 좁다면 꿈의 수준이

어디까지인지 확인해보자. 나와 내 가정을 위한 원초적인 꿈인가, 혹은 좀 더 큰 세상을 위한 이로운 꿈인가. 하루하루 공을 들여 쌓아 나가자. 행운은 늘 준비하는 사람에게 붙는 예정된 천사일지도 모른다.

# 굿바이,
# 용기로 채운 시간들!

잔잔한 일상에 돌을 던지는 70일의 작은 도전들이 모였다. 70일 전의 나와 지금의 나는 완전히 다른 사람이 되었다. 느껴지는가? 심리적, 육체적, 영적 모든 면에서 당신은 분명히 더 나은 자신을 만났을 것이다. 어떤 주제로 70일의 도전을 시도했는가? 아마 작지만 치명적인, 삶에서 꼭 필요하고 고침 받고 변화되길 원했던 인생의 숙원사업 같은 부분이었을 것이다. 그것이 당신 인생을 변화시킬 중요한 열쇠였다는 사실, 알아챘는가? 삶에서 가장 중요한 가치를 최우선 순위에 두는 습관은 그 가치와 관련된 작은 도전을 일상에 추가하는 것에서 시작된다. 그 가치들을 잊지 않도록 지갑 속에, 책상 위에 강조하고 되새기고, 이 노트에 적고 기억하고 실천하는 것이야말로 소중한 가치를 망각하지 않는 최선의 방법이다.

70일의 도전을 왜 시작했는가? 이렇게 살고 싶지 않고, 더 성장하고 싶고, 어딘가 괴롭고 아프고, 꽉 막힌 현실에서 벗어나고 싶었을 것이다. 더 이상 희망이 없는 것 같은 죽을 기로에 섰을 때 다시 살아나는 방법은 간단하다. 생각의 초점을 바꿔보는 것이다. '이 깊은 터널을 탈출할 방법이 반드시 있을 거야'라고 생각하는 것과, '희망도 없고 더 이상 살 이유가 없어.'라고 생각하는 것은 천지차이다. 같은 문제를 보고 전혀 다른 결과를 만드는 태도다. 70일 챌린지를 시도해보는 것은 나의 고정된 초점을 움직이고 태도를 바꾸며 자신감을 채우고 결과를 만드는 과정이다. 처음에는 안 되는 것 같고 보이지 않지만, 도전의 씨앗은 심어졌고 뿌리를 내리고 싹을 틔우고 가지를 뻗고 열매를 맺는다. 큰 산을 넘어야 한다면 엄두가 안 나고 어렵게 느껴지지만 작은 시도를 매일 차곡차곡 쌓아간다면 쉽게 큰 산을 넘게 된다.

함께 하는 팀원들을 떠올려보자. 혼자 했다면 작심삼일로 끝났을지 모른다. 그러나 같이하는 식구들이 있었기에 잘 될 때 힘을 주고, 안 될 때 힘을 받았다. 혼자라면 다시 부정의 구렁텅이로 빠졌을지 모르나, 웅덩이에 빠진 나를 구해주는 팀원들과 함께 했기에 70일의 완주가 가능했다. 팀워크 속에서 도전하면 긍정적 사고의 선순환이 수월하다. 긍정적 사고는 확실한 결과를 보장하는 것은 아니지만, 최소한 최선의 기회를 갖게 안내한다. 실패하는 사람들은 충분히 상황을 역전시킬 수 있는 기회 앞에서도 '안 되는 이유'에만 치열하게 초점을 맞춘다. 그러나 긍정적인 눈을 가지면 그나마 '시도해볼 수 있는 작은 부분'을 생각하게 된다. 함께 하는 사람들이 힘을 합쳐 부정의 잡초를 뽑아내고 긍정의 정원을 가꾸다 보니 조금씩 가능해지고 상황은 전화위복이 되었다.

70일의 도전, 그리고 다섯 번의 70일! 도전이라는 단어 앞에 1년은 꽤 긴 시간이지만, 인생 전체를 두었을 때 참으로 짧은 그 시간을 버텨준 당신에게 박수를 보낸다. 성장은 시간을 필요로 한다. 밀도와 빈도 모두 중요하다. 큰 시합을 앞둔 운동선수들은 기간을 정해 놓고 높은 밀도와 잦은 빈도로 체력을 키운다. 그 과정에서 수많은 시행착오를 겪고 부상을 입을 수도 있으며, 더 이상 반복하기 어려운 데드포인트에 도달하기도 한다. 그럼에도 불구하고 다시 하는 것, 한 번 더 하는 것은 실력을 축적한다. 목표는 없던 능력을 만들어내고, 말도 안 되는 기적을 일구기도 한다. 70일 동안 당신의 숨은 실력과 내제된 잠재력도 고개를 들기 시작했다.

꾸역꾸역 어제도 오늘도, 일보전진을 반복하며 채운 시간들! 분명히 당신의 인생에서 최고로 순도 높은 하루들이 모였을 것이다. 앞으로 나아가는 자만이 성장하는 삶을 산다. 세상에 멈춰 있는 건 없다. 세포도, 사랑도, 생각도 움직이듯, 우리 모두의 인생은 움직인다. 정지된 인생은 죽음뿐이다. 산 물고기는 물의 흐름을 거스르지만, 죽은 물고기는 물결과 함께 내려간다. 앞으로 나아가지 않으면 뒤로 후퇴하는 것과 다름없다. 필사적으로 전진하기 위해 애썼던 당신을 축하한다. 속이 꽉 찬 열매는 단단하며 조용하듯, 말을 멈추고 행동했던 당신의 묵직함을 칭찬한다. 당신이 전념했기에 도움의 손길이 나타났고, 결정했기에 방법이 나타났다.

나에게 기회가 되었던 오늘을 마무리한다. 나의 삶을 사랑한다. 오늘도 성장하는 나를 만났다. 내일도 새벽에 몸을 일으켜 세우며 '오늘도 최고의 에너지를 담아 살아내자', '다시없을 뿌듯한 하루를 만들어보자' 혼잣말을 할 것 같다. 내일도 나를 채울 에너지를 생각하며 잠이 드는 고요한 이 시간은 그야말로 #꿀잠 예약이다.

# Capture Ideas

발상 남겨두기

**Capture Ideas**

# Capture Ideas

발상 남겨두기

**Capture Ideas**

## Capture Ideas

발상 남겨두기

**Capture Ideas**

**Capture Ideas**

발상 남겨두기

**Capture Ideas**

## Capture Ideas

발상 남겨두기

**Capture Ideas**

# Capture Ideas

발상 남겨두기

**Capture Ideas**

# Capture Ideas

발상 남겨두기

# Capture Ideas

# Capture Ideas

발상 남겨두기

**Capture Ideas**

## Capture Ideas

발상 남겨두기

**Capture Ideas**

# Capture Ideas

발상 남겨두기

**Capture Ideas**

**Capture Ideas**

발상 남겨두기

**Capture Ideas**

## Capture Ideas

발상 남겨두기

**Capture Ideas**

# Capture Ideas

발상 남겨두기

**Capture Ideas**

## 김윤정(맨디)

마음은 젊게, 몸은 건강하게, 기분은 맑게, 태도는 바르게, 표정은 예쁘게 나이 들고 싶은 30대 사업가. 기타 치고, 연극하고, 사진과 운동이 취미이던 평범한 젊은이였지만, 세상이 꼭 필요로 하는 사람이 되어 돈이 따라오는 미래를 만들고 싶었다. 연세대 도시공학과 졸업 후 삼성물산 경영지원팀 근무, 그 후 네트워크 마케팅 사업가로 6년째 성장 중이다. 노동시간에 구애 받지 않는 수입과 지속적 현금흐름을 발생시키는 자산을 만들기로 결정했고, 그렇게 하기 위해서 가장 중요한 것은 내적인 에너지를 관리하는 것, 그리고 내 안의 잠재된 가능성을 끄집어내고 표현하는 것임을 알았다. 세상의 그 어떤 일도 첫 도전이 어려울 뿐, 반복적으로 하다 보면 익숙해진다. 반복이 쌓이고 쌓여 절대량의 기준점을 넘어서면 단순하고 간단한 일도 비범한 재능으로 둔갑한다. 성장과 성공에 있어서 가장 중요한 것은 반복임을 알고 있기에, 오늘도 그는 '성장하는 나를 만나기 위한 반복'을 시도한다. 70일 미라클에 도전하는 사람들이 자신에 대한 편견을 벗어 던지고 낯선 기회와 새로운 비전을 품어, 스스로를 살리고 타인도 살리는 기적을 체험하길 소망한다. 저서로 《맨디의 키노트》가 있다.

Youtube _맨디의키노트
instagram _@mandy.keynote
Email _mandy871@naver.com

오늘도 성장하는 나를 만난다
## 70일 미라클

**초판 1쇄 인쇄** 2021년 12월 5일
**초판 1쇄 발행** 2021년 12월 10일

**지은이** 김윤정

**대표** 장선희 **총괄** 이영철
**기획편집** 이소정, 정시아, 한이슬, 현미나
**디자인** 김효숙, 최아영
**마케팅** 최의범, 이정태, 강주영
**외주 디자인** 별을 잡는 그물

**펴낸곳** 서사원 **출판등록** 제2018-000296호
**주소** 서울시 영등포구 당산로 54길 11 상가 301호

**전화** 02-898-8778
**팩스** 02-6008-1673
**이메일** cr@seosawon.com
**블로그** blog.naver.com/seosawon
**페이스북** www.facebook.com/seosawon
**인스타그램** www.instagram.com/seosawon

© 김윤정, 2021

ISBN 979-11-6822-022-5 03190

서사원은 독자 여러분의 책에 관한 아이디어와 원고 투고를 설레는 마음으로 기다리고 있습니다. 책으로 엮기를 원하는 아이디어가 있는 분은 이메일 cr@seosawon.com으로 간단한 개요와 취지, 연락처 등을 보내주세요. 고민을 멈추고 실행해보세요. 꿈이 이루어집니다.